지역사회 복지론

이승주 지음

COMMUNITY WELFARE

신정

머리말

preface

그동안 국가 주도로 추진된 균형발전정책이 오히려 중앙정부의 의존성을 높였다는 지적이 나오면서 지방분권 확대를 위한 다양한 정책들이 새롭게 제시되고 있다. 그 결과 사회복지영역에서도 지역사회복지의 중요성이 날로 강조되고 있다. 이 책은 이처럼 사회복지 분야에서 점차 그 중요성이 커지는 지역사회복지에 대한 학생들의 제반 지식을 향상시키기 위해 집필되었다. 이 책에서는 지역사회복지 전공자라면 당연히 알고 있어야 하는 기초이론 및 가치와 이념을 제시하고, 이를 토대로 지역사회복지 현장에서 필요한 실천 지식까지 통합적으로 다룬다. 이 책은 지역사회복지의 개념, 지역사회복지의 역사 등 필수적인 전공 기초지식에서부터 시작해, 지역사회복지 이론 및 지역사회복지 실천모델, 실천과정과 기술, 지역사회의 다양한 복지추진체계 순으로 서술되어 있다. 저자는 이 책 한 권에 지역사회복지 전공자라면 반드시 숙지해야 할 기초지식과 전문지식을 압축하고자 노력하였다. 학생들이 이 책을 통해 지역적 특성을 고려한 생활과제(혹은 문제, 욕구)를 파악하고, 이용자를 포함한 주민 중심의 지역사회복지 실천방안에 대해서 깊게 생각해 보는 기회가 되기를 바라기 때문이다. 이 책을 통해 학생들이 지역사회의 현실과 그것이 담고 있는 문제 및 욕구를 더 정밀하게 규명하고, 거기에 대응하는 다양한 지역사회복지 접근법 및 추진체계들을 자세히 검토하길 기대한다.

이 책은 불필요한 설명을 배제하고 사회복지학과 학생들이 반드시 숙지하고 있어야 하는 핵심 내용만을 담아 최대한 콤팩트하게 구성하고자 하였다. 그동안 다양한 지역사회복지론 저서가 발간되었으나 지역사회복지론에서 다뤄야 하는 내용들이 산재해 있어 학생들에게 강의할 때 여러 교재를 활용해야 하는 불편함이 있었다. 또 몇몇 도서는 최근의 지역사회복지 동향을 반영하지 못한 경우도 있었다. 그로 인해 최신 이론과 관련 법, 제도, 실천 지식을 설명하는 데 추가로 시간과 노력이 드는 불편을 해소하기 위하여 이 책에서는 여러 지역사회복지론에 나와 있는 내용들 중 학생들이 지역사회복지 전공자로서 반드시 알아야 하는 최신의 내용들을 모두 집대성하고자 노력하였다. 따라서 연구자로서는 부끄럽게도 이 책은 학술적 가치가 높다기보다는 지역사회복지를 전공하는 학생들의 욕구를 최대한 반영한 책이라는 데 더 큰 의의를 두고 싶다. 저자 스스로 이 책은 여전히 미완성본이라고 본다. 따라서 앞으로 관련 법, 정책, 제도, 지역사회 실천 현장에서의 변화 등이 나타날 때마다 이 책을 계속 업데이트해 최신의 정보를 채워나갈 것이다.

2022년 12월

저자 이승주

차례

contents

PART 01
지역사회복지 총론

01 PART

지역사회복지 총론

CHAPTER 01

지역사회에 대한 이해

chapter 01

지역사회에 대한 이해

1. 지역사회의 개념

지역사회는 사회복지를 실천하는 데 가장 기본이 되는 환경이다. 따라서 사회복지 현장전문가라면 당연히 자신의 클라이언트가 거주하는 지역에 대해 잘 알고 있어야 한다. 그러면 지역사회복지에서 이처럼 중요한 지역사회는 도대체 무엇인가? 지역사회를 뜻하는 'community'는 라틴어 'communis'에서 유래한다. 이 'community'는 두 가지 의미로 해석된다. '공동체'라는 의미의 'community'는 '공통된 관심과 이해관계를 가진 구성원들이 모여 공동의 이익을 추구하는 조직체'를 의미한다. 반면 단순히 '지역사회'를 뜻하는 'community'는 '단순히 우연하게 일정한 지리적 구역 내에서 살게 된 사람들의 모임'을 의미한다. 사회복지에서 중요한 지역사회는 바로 전자이며, 이런 맥락에서 지역사회복지에서 다루는 지역사회는 '정서적인 친목과 인간관계로 엮인 지리적 결합체'를 뜻한다고 할 수 있다.

로스(Ross, 1967)는 이러한 지역사회를 그 특성에 따라 지리적 의미의 지역사회(geographic community)와 기능적 의미의 지역사회(functional community)로 나누었다. 우선 지리적 의미의 지역사회란 일정한 지리적 영역 내에 살면서 지리적 공간을 공유하고 서로 상호작용을 하는 공동체를 뜻한다. 과거에는 공유하는 지역이라고 하면 사람들이 주로 모여 사는 가까운 마을이나 부락 범위를 가리켰다. 그러나 교통수단의 발달로 현재는 그 범위가 학교권, 아파트단지, 동뿐만 아니라, 도·시·군·구와 같이 넓은 행정구역권으로 확대되었다.

한편 기능적 의미의 지역사회는 거주하는 지리적 공간이 멀리 떨어져 있더라도 집단 내 관심사를 공유하고 공동기능을 수행하는 사람들로 구성된 집합체를 의미한다. 이러한 기능적 지역사회에는 주로 종교단체, 조합, 정당 등 구성원들의 공통된 이해관계를 바탕으로 한 이익집단 등이 포함된다. 그리고 이 조직들은 사회적·문화적 동질성과 구성원 간의 상호유대관계를 기초로 한다. 따라서 기능적 의미의 지역사회에서 지리적 경계는 중요한 요소가 아니고, 오히려 구성원이 될 자격, 즉 멤버십이 더 중요하다. 최근 들어 교통과 통신수단의 눈부신 발달로 이처럼 지리적 근접성을 전혀 고려하지 않고 SNS나 온라인 플랫폼을 활용한 온라인

동호회, 온라인 카페 등과 같은 기능적 지역사회가 빠르게 확산되고 있다. 또 이미 전 세계를 하루 만에 도달할 수 있을 정도로 교통수단이 발달하면서 '지구촌'과 같은 초광의의 지역사회 개념도 등장하였다. 이와 같이 사이버공동체, 가상공동체, 네트워크 공동체, 지구촌 등 새로운 형태의 지역사회 개념의 등장으로 지역사회라고 하면 과거에는 주로 가까운 지리적 의미를 중요시했으나 지금은 지리적 의미와 기능적 의미를 동등하게 중시하는 경향으로 바뀌고 있다.

그러면 지역사회를 정의할 때 지역사회의 특성 중 어떤 것을 더 강조해야 하는가? 지리적 위치일까 아니면 구성원 간의 상호유대성일까. 이에 대해서는 학자마다 견해가 다르다. 대표적으로 파크와 버제스(Park & Burgess, 1925)는 지역사회를 정의할 때 지리적 범위가 가장 중요하다고 여겼으며, 그 결과 일정한 범위 내 거주하는 사람들만이 지역사회를 구성할 수 있다고 보았다.

반면, 지역사회를 정의할 때 지리적 위치보다 구성원 간의 상호유대감이나 사회적 동질성이 더 강조되어야 한다고 주장한 학자들도 있다. 대표적으로 맥키버(MacIver, 1917)는 지역사회 정의할 때 지리적 위치의 공유라는 특성도 중요하나, 지리적 위치가 가깝다고 해서 지역사회라고 단정할 수 없다고 보았다. 맥키버는 오히려 그보다는 공통된 신념을 가지고 있는지, 친밀한 상호교류를 통해 구성원들이 강한 소속감을 가지고 있는지를 확인하는 것이 더 강조되어야 한다고 하였다. 더 나아가 맥키버는 공통된 소속감을 공유하지 않는 사람들의 집단은 단순히 공동생활권을 공유하는 집합체로 부르는 것이 맞다고 주장하기도 하였다. 이처럼 맥키버에 따르면 구성원 간에 공통된 신념과 소속감을 공유한다면 지리적 근접성은 문제가 되지 않으며, 마을, 부족뿐만 아니라 도시, 더 나아가 국가까지도 지역사회에 포함시킬 수 있다.

스트라우프(Stroup, 1952)도 지리적 근접성이라는 지역적 특성보다 구성원들 간의 상호유대가 지역사회를 정의하는 데 필수적인 기준이 된다고 보았다. 스트라우프는 맥키버처럼 구성원 상호 간 연계성만 있다면 소규모 마을뿐 아니라 하나의 국가 전체도 지역사회가 될 수 있다고 하였다.

한편, 지역사회를 정의할 때 지리적 위치 공유와 사회적 유대관계 여부를 모두 고려해야 한다고 보는 학자도 있다. 대표적으로 인켈리스(Inkeles, 1965)는 지역사회가 가진 특성을 중심으로 지역사회를 다음과 같이 정의하였다. 지역사회라고 부르려면 다수의 가구가 ① 특정 범위 내에 모여서 집단을 형성해 생활해야 하며, ② 지역 거주자들 사이에 상호작용이 활발히 일어나야 하고, ③ 혈연으로 맺어진 집합체가 아니더라도 상호유대감을 토대로 구성원 간 굳건한 소속감을 보여야 한다고 주장하였다.

보가더스(Bogardus, 1952)도 지역사회는 특정 지역에 거주하면서 서로 감정을 공유하는 사람들의 사회적 집단을 의미한다고 보았으며, 에슐만과 캐시온(Eshleman & Cashion, 1983)도 일정한 지역 내에 거주하는 사람들로 공동체를 형성하고 구성원 간 상호공동체적 인식과 소속감을 느끼며 함께 활동하는 집단이라고 정의하였다.

지금까지의 논의를 바탕으로 다음과 같이 지역사회 개념을 정리할 수 있다. 초기 사회과학자들은 사람들이 모여 사는 지리적 근접성을 중심으로 지역사회를 정의하였다. 그러나 점차 지리적 근접성을 고려하지 않거나, 지리적 근접성에 더해 구성원 간 상호 유대감과 동질성을 동시에 갖추고 있는지를 더 중요한 판단기준으로 삼게 되었다.

2. 지역사회의 유형

지역사회의 특성을 기준으로 학자마다 다르게 지역사회를 유형화한다. 이 책에서는 이 중 대표적인 사회학자들을 중심으로 그들의 지역사회 유형화에 대해 살펴본다.

1) 퇴니스(Tönnies)의 분류에 따른 지역사회 유형: 공동사회 대 이익사회

독일의 사회학자 퇴니스(Tönnies)는 저서 『Gemeinschaft und Gesellschaft(Community and Society)』(1987)에서 공동체사회를 Gemeinschaft(공동사회)와 Gesellschaft(이익사회) 두 가지 유형으로 구분하였다. 우선 공동사회는 소규모의 대면적 관계를 강조하는 공동체를 의미한다. 혈연, 가족, 친구집단 등 정서적인 관계를 기초로 하는 공동체가 대표적 예이다.

이러한 공동사회는 주로 자연발생적이며, 전통 규범에 기반한다. 또 구성원 간 상호 유대관계를 돈독히 하고자 노력한다. 그리고 직접적 상호작용을 중시하며, 이를 바탕으로 구성원 간 긴밀한 협력을 이끌어낸다. 특히 정서적 유대관계를 기초로 하기 때문에 공동사회에서 중시하는 가치와 신념은 주로 비공식적이고 사적인 방식으로 형성된다. 그 결과 구성원 간 상호작용도 주로 도덕이나 감성에 호소하는 비공식적이고 사적인 관계 속에서 이뤄진다. 이러한 공동사회는 산업지역보다는 농촌지역에서, 도시보다는 시골에서, 대도시보다는 작은 마을에서, 그리고 혈연중심의 공동부락 등에서 자주 볼 수 있다.

반면, 이익사회는 대규모의 비대면적 관계에 기초한다. 이익사회는 주로 계약이나 규칙을 기초로 공동의 합리적 이익을 추구할 목적으로 인위적으로 형성된 조직이다. 이처럼 이익사회는 특정 공통의 목적을 달성하기 위해 구성원들 간 의도적 선택에 따라 등장한 공동체이기 때문에 구성원 간 정서적 유대관계는 상대적으로 약한 편이다. 이러한 이익사회는 공동사회와 반대로 대도시, 산업화지역에서 자주 볼 수 있다. 구성원 간의 관계는 주로 상호 계약에 기반하고 있어서 공동체 내의 규칙이나 규범은 반드시 지켜져야만 한다. 퇴니스는 급속도로 도시화와 산업화가 진행되면서 전통적 공동사회는 점차 사라지고, 대신 이익사회가 발달하게 된다고 보았다.

퇴니스의 공동사회와 이익사회는 산업지역 대 농촌지역, 도시 대 시골과 같이 극명하게 대립되는 지역 간 공동체 유형을 설명하는 데 유용하나 여전히 이러한 분류는 이상적인 유형 분류일 뿐, 실제 현대사회에서 두 유형의 특징이 뚜렷하게 분리되어 나타나는 공동체는 찾아보기 어렵다. 오히려 현대사회에서는 정서적인 비공식적 규범과 이성적인 공식적 규범이 공존하는 공동체 유형이 더 일반적이다.

2) 뒤르켐(Durkheim)의 지역사회 유형: 기계적 연대 사회 대 유기적 연대 사회

프랑스의 사회학자 뒤르켐(Durkheim)은 저서 『De la Division du Travail Social(The Division of Labor In Society)』(1893)에서 그는 사회 구성원들 사이에 두 가지의 사회적 연대(social solidarity) 형태가 나타난다고 주장하였다. 하나는 기계적 연대(mechanical solidarity)이고, 다른 하나는 유기적 연대(organic solidarity)이다. 뒤르켐에 따르면 기계적 연대를 이루는 사회는 구성원 간에 동질성을 바탕으로 공동체가 형성되고, 그 안에서 결속과 통합을 강조한다고 보았다. 특히 한 사회 내 구성원들은 유사한 일에 종사하고, 유사한 교육을 받고, 유사한 종교활동을 하고, 유사한 생활양식을 공유한다. 따라서 기계적 연대는 사회적 분업이 덜 진행되고, 사회적 규범이 엄격하며, 사회적 통합 정도가 높은 소규모 마을이나 부락, 또는 혈연을 바탕으로 한 가족공동체 등 전통마을에서 주로 발견된다.

이러한 기계적 연대를 중시하는 사회는 억압적 법률인 형벌을 통해 아주 강력한 사회적 통제가 이루어지고, 이를 기초로 강한 사회통합을 보여주는 특징을 가진다. 즉, 사회 구성원들이 규범을 어겼을 때는 혹독한 벌을 받도록 해서 두려움에 기반한 사회적 통제와 규범 및 가치 순응을 강요한다. 따라서 기계적 연대 사회에 존재하는 법규는 매우 억압적이며, 주로 사회적 통제로부터 일탈했을 때 게 되는 형벌 중심으로 기술되어 있다.

한편 뒤르켐은 유기적 연대를 산업화 이후 현대사회에서 구성원들 사이에 나타나는 대표적 연대 형태라고 설명한다. 이러한 유기적 연대는 기능적으로 분화된 현대 산업화사회에서 구성원들 간 상호의존이 필요해지면서 등장한 연대 방식이다. 현대 산업화사회에서 개인은 각자 자신이 맡은 각기 다른 업무들을 수행하고 다른 가치나 신념, 이해관계를 가지지만, 이들 개인 간 상호의존(interdependence)과 협력 없이는 한 사회가 잘 굴러가기 어렵다. 이런 맥락에서 뒤르켐은 현대사회에서 나타나는 이러한 사회 구성원들 간의 상호의존성에 주목하였다. 예컨대 농부는 공장노동자를 먹여 살리기 위해 식자재를 생산해 내고, 이러한 식자재를 생산하기 위해서는 공장노동자가 트랙터 등의 농업 장비를 생산해서 농부의 생산성 향상에 기여한다.

이처럼 상호의존성을 기초로 유지되는 유기적 연대 사회는 사회적 가치에 대한 구성원들 간 합의나 사회적 통합이 모두 약하고, 구성원 간 동질성이나 강한 소속감을 기대하기 어렵다. 그렇다고 사회 공통의 가치가 아예 없어진 것은 아니다. 그리고 유기적 연대 사회에서는 산업화와 그로 인한 노동분화(division of labor)로 인해 전통적 방식의 대가족이나 종교단체에 의한 구성원의 사회화나 사회적 통제가 약화된다. 특히 형법에 의한 사후 처벌이 상대적으로 덜 중요하고, 그보다는 범죄가 발생하지 않도록 미리 예방하는 사회적 장치로서의 법률이 발달한다. 또 개인이 추구하는 사회적 가치가 다양하게 나타나기 때문에 민법이나 상법 등 개인 간 갈등 해결을 위한 법률이 발달하게 된다.

3. 지역사회 구성요소

지금까지 지역사회 개념과 유형에 대해서 살펴보았다. 다음으로는 지역사회를 보다 심도 있게 이해하기 위해 지역사회의 구성요소에 대해 살펴보고자 한다. 힐러리(Hillery, 1955)는 기존 94개의 지역사회 정의를 중심으로 지역사회를 구성하고 있는 요소를 확인하였다. 이 중 69개의 정의에서 공통적으로 나타난 지역사회 구성요소가 지리적 영역(area), 사회적 상호작용(social interaction), 공동의 유대감(social ties)이라고 밝혔다. 이 절에서는 힐러리의 연구에서 언급한 위의 세 가지 대표적 지역사회 구성요소를 중심으로 살펴보고자 한다.

우선 지리적 영역(area)은 구성원들 간에 생태학적으로 돈독한 관계를 맺는 공간으로, 지역사회를 정의하는데 가장 중요한 요소이다. 사회적 상호작용(social interaction)도 구성원들이 특정 거주지역에 모여 있거나, 공통된 특성을 보이는 지리적 위치 내에 존재할 때 더욱 커진다. 따라서 힐러리는 다수의 지역사회 정의에서 지리적 제한을 지역사회의 주요 구성요소로 기술하고 있다고 밝혔다. 다만 이처럼 지리적 영역의 공유를 지역사회의 필수 구성요소로 강조하는 지역사회 정의들은 구성원들의 연대를 중시하는 지역주의(localism) 색채를 강하게 나타내는 경향이 있다. 그 결과 지역사회를 단순히 구성원들의 합으로 보기보다는 여럿이 하나의 유기체(entity)를 형성하고 있는 집합으로 본다.

한편 힐러리에 연구에 따르면 제한된 지리적 위치를 지역사회의 주요 구성요소로 본다고 명시적으로 밝히지 않은 연구도 많다. 그리고 이런 연구에서 공통적인 점은 구성원들의 활발한 사회적 상호작용을 강조한다는 것이다. 구체적으로 구성원들 간에 활발한 상호작용을 통해 사회 구성원 간 감정과 태도를 공유할 수 있도록 해주고 구성원 간 결속을 다지게 하는 것이 중요하다. 다만 이처럼 사회적 상호작용을 강조하는 지역사회 정의에서도 구성원 간 상호교류가 쉽게 이루어질 수 있는 지리적 환경이 조성될 것을 요구한다. 이처럼 지역사회 구축이 쉽게 이루어질 수 있는 지리적 환경은 여전히 중요하기 때문에 구성원 간 지리적 위치의 공유를 구성요소로 명시적으로 밝히진 않았지만, 간접적으로 필요조건 중 하나임은 유추해볼 수 있다.

마지막으로 공동의 유대감을 강조하는 연구에서는 심리적, 사회적, 문화적으로 공동의 유대감을 가지고 구성원들 간의 동족의식과 상호이해를 공유할 때 비로소 지역사회라고 볼 수 있다고 한다. 특히 공동의 유대감은 자급자족을 중시하는 농촌지역에서 두 드러지게 나타난다. 대표적으로 맥키버와 페이지(MacIver & Page)는 공동체의 규모가 크든 작든 간에 구성원 간 생활양식을 공유한다는 공동체 의식이 있어야만 지역사회로 정의할 수 있다고 주장하였다. 로리(Lowry)도 지역 내에서 잘 조직화된 관계 속에서 상호 공동의 이익을 위해 일련의 활동을 수행하고 공유하는 특징을 가지고 있어야만 비로소 그 공동체를 지역사회라고 부를 수 있다고 보았다.

4. 지역사회의 기능

지역사회는 구성원들을 위해 특정 기능을 수행하는 조직체이다. 이에 워렌(Warren, 1978)은 지역사회가 구성원을 위해 수행해야 하는 5가지 지역사회 기능을 제시하였다. 첫 번째로 지역사회는 생산 · 분배 · 소비(production, distribution, and consumption)의 기능을 수행해야 한다. 이와 같은 생산 · 분배 · 소비 기능은 지역주민의 의식주와 같이 가장 기본적인 욕구를 포함하여 주로 물질적 욕구를 충족시켜주는 활동으로 간주된다. 특히 현대 산업화사회에서는 한 가정 내에서 자신들이 소비할 모든 생필품을 생산해내기가 어렵다. 따라서 생필품, 의료서비스, 교육서비스, 교통, 통신, 오락 등 다양한 욕구를 충족시키기 위해 지역 구성원 간에 상호 의존관계를 형성할 수밖에 없다.

두 번째로 중요한 지역사회 기능은 사회화(socialization)이다. 사회화란 지역사회 구성원 간 공유하는 규범, 전통, 사회적 가치, 행동 양태를 구성원들에게 전달하는 과정이다. 이러한 사회화 과정을 통해 지역사회 주민들은 자신이 속한 지역사회에서 허용되는 규범과 행동 양태를 익히게 되고, 그 속에서 상호 주장할 수 있는 권리와 구성원으로서 지켜야 할 의무를 전수받는다. 이때의 행동 양태와 사회적 가치, 규범은 지역마다 다르다. 따라서 특정 지역사회에 들어가서 구성원들과 어울려 살기 위해서는 해당 지역의 특성을 반영한 규범, 전통, 가치 등을 반드시 배워야 한다.

세 번째 지역사회의 기능은 바로 사회통제(social control)이다. 이때 사회통제란 구성원들이 해당 지역사회의 가치나 규범에 순응할 수 있도록 만드는 과정을 의미한다. 이러한 사회통제 과정은 법규나 규칙 등을 제정하는 방식과 제정된 법규나 규칙을 어겼을 때 받을 수 있는 처벌 규정을 제정하는 방식으로 이루어진다. 아울러 서비스를 제공받는 사람들의 자격 기준을 엄격하게 적용해 취약계층에게 나눠줄 자원을 효율적으로 통제하는 것도 사회통제의 한 예로 볼 수 있다. 사회통제 기능을 담당하는 기관은 정부, 교육기관, 종교단체, 사회서비스 제공기관 등 다양하다. 이때 사회복지서비스 제공기관에 종사하는 사회복지전문가는 실천현장에서 클라이언트에게 도움을 주는 도우미로서의 역할과 희소한 자원을 관리하고 사회질서 유지에 힘쓰는 사회통제 기관으로서의 역할 사이에서 균형을 잘 맞춰야 한다.

네 번째로는 지역 구성원들의 사회참여(social participation)를 지역사회의 기능 중 하나로 꼽는다.[1] 이러한 사회참여는 행정기관이 지역주민들의 사회참여를 독려하는 것을 의미하지 않고, 지역 구성원이 스스로 사회규범을 준수하고 특정한 행동을 하는 과정을 의미한다. 사람들은 저마다 합법적 방법으로 자신의 욕구를 표출하고, 특정 행동에 동참하는 등으로 자신의 존재를 알린다. 따라서 구성원들이 어떠한 욕구를 관철하고자 하고, 어떠한 규범을 중요시하는지 파악하여 구성원들의 사회참여 욕구를 높이는 것이 지역사회가 해야 할 업무 중 하나이다.

다섯 번째로 상부상조(mutual support) 기능도 지역사회 기능 중 하나이다. 상부상조는 위에서 설명한 지역사회 기능들이 지역사회 구성원 개개인의 욕구를 충족시키지 못할 때 구성원 간에 도움을 주고받는 기능을 의미한다. 특히 장애인, 빈곤층, 노인 등 사회적 약자를 돌보는 일에 가족, 친구, 동료, 이웃들이 모두 힘을 합쳐 동참하는 지역사회의 기능이 대표적 예이다. 다만 과거 친족과 혈연 중심의 마을공동체에서 산업화로 인한 도시공동체로 변모해 가면서 구성원 간 상부상조 기능이 많이 약화된 것은 사실이다. 따라서 현대사회에서는 이처럼 상부상조 기능의 약화로 인해 나타날 수 있는 문제를 완화하기 위해 지역사회에 많은 사회복지전문가를 배치해 장애인, 빈곤층, 노인 등의 사회 취약계층에게 적시 적소에 사회서비스를 제공할 수 있도록 하고 있다.

1) 길버트와 스펙트(Gilbert & Specht, 1974)는 이를 사회통합(social integration) 기능으로 설명하였다.

한편 워렌의 지역사회 5가지 기능에 펜토자와 페리(Pantoja & Perry, 1998)는 두 가지 기능을 추가하여 지역사회의 7가지 기능을 제시하였다. 추가로 소개된 지역사회 기능은 방어(defense)와 의사소통(communication) 기능이다. 우선 방어는 지역사회가 구성원을 돌보고 보호하는 기능을 의미한다. 이 방어 기능은 특히 지역사회가 위험에 처한 상황에서 빛을 발한다. 예컨대 집중호우로 인해 홍수피해가 발생할 수 있는 상황에서 지역사회 구성원끼리 안전에 대한 정보를 공유한다든지 홍수로 인한 피해가 발생하지 않도록 상호 협력하에 미리 둑방 등을 정비하는 행위가 이 방어기능에 해당한다. 또 유색인종이나 장애인, 성소수자 등 소수자들이 혐오에 의한 테러를 당하지 않도록 상호지원체계를 마련하는 행위도 지역사회의 방어 기능에 대한 좋은 예시이다.

또 의사소통 기능도 있는데, 이 기능은 지역사회 내에서 공통의 언어나 상징을 사용하여 생각을 표현하고 전달하는 것을 의미한다. 물론 워렌이 제시한 5가지 지역사회 기능에 이 의사소통 기능이 포함되어 있다. 그러나 의사소통 기능이 지역사회 기능 중에서 차지하는 비중을 고려할 때, 이를 지역사회의 별도 기능으로 떼어서 소개한 펜토자와 페리의 주장이 더 설득력 있어 보인다. 특히 이러한 의사소통 기능은 최근 인공지능 기술을 활용한 번역 서비스, 그리고 다양한 매체를 활용한 의사소통 방법들이 발달하면서 지역사회의 범위를 넓히는 데 많은 기여를 하고 있다.

5. 바람직한 지역사회란?

앞서 설명한 지역사회의 기능을 중심으로 학자들은 지역사회의 문제를 더 효율적으로 해결하고 더 좋은 지역사회로 나아가기 위한 다양한 방안을 제시해왔다. 과연 바람직한 지역사회는 어떠한 특징들을 지녀야 할까? 학자들마다 바람직한 지역사회가 어떤 사회인지에 대해서는 의견을 달리한다. 이에 이 책에서는 대표적으로 가장 많이 인용되는 워렌(Warren, 1970)과 펠린(Fellin, 2001)의 논의를 중심으로 서술하고자 한다.

우선 워렌(Warren, 1970)은 좋은 지역사회(good community)를 만들기 위해서 지역주민과 지역개발 전문가들이 다음과 같은 노력을 해야 한다고 보았다.

우선 지역사회 내 직접적이고 친밀한 접촉을 통해 형성되는 1차 집단 간에는 서로 사적인 일까지 알 수 있을 정도로 유대감이 형성되어야 한다(primary group relations). 그리고 좋은 지역사회에서는 해당 지역 내 중요 사안을 중앙이나 지방 관료가 아닌 지역주민들이 적극적으로 참여해서 결정한다(viability). 이를 위해 의사결정 과정이나 문제해결 과정에서 지역주민들이 힘을 합쳐 효과적으로 접근할 수 있도록 자율권(autonomy)이 주어져야 한다. 주민들의 활발한 지역개발 운동 참여와 지역 자원봉사 활동 참여가 바로 이러한 자율권을 확대하는 대표적 예이다. 아울러 지역 내 권력(power distribution)이 지역주민들에게 골고루 분포되어 있을수록 좋은 지역사회라고 볼 수 있다. 이처럼 권력이 폭넓게 분산되는 경우 더 많은 지역주민이 지역 문제해결에 관심을 보이고 더 적극적으로 참여(participation)하게 된다. 일반적으로 지역주민의 참여가 저조한 이유는 다수의 주민들이 결정 과정에서 배제되고, 그로 인해 지역사회 문제에 무관심해지기 때문이다. 따라서 지역주민의 참여는 지역주민의 지역 문제에 대한 헌신(commitment)과도 관련이 있다. 또한 소득수준이나 인종에 따라 구성원 간 철저히 분리되어 살아가는 지역보다는 다양한 사람들이 함께 섞여 지내는 사회(heterogeneity)가 더 좋은 사회이다. 다만 다양한 하위문화가 공존할 때 어느 정도까지 동질의 구성원 간 결속력을 양보해야 하는지는 여전히 과제로 남는다. 아울러 주민의 자율성을 최대한 보장해 주다 보면 결국 주민 간 갈등 상황이 빈번해지기 마련이나. 이때 과연 이를 얼마나 효율적으로 통제하는가도 좋은 사회를 판단하는 기준이 된다(neighborhood control). 이때 지역 문제에 대한 주민들의 결정 과정에서 갈등(conflict)은 최소화되고 협력은 최대화되는 사회를 좋은 지역사회라고 할 수 있다.

한편 펠린(Fellin, 2001)은 역량 있는 지역사회(competent community)를 바람직한 지역사회로 보았다. 이때 역량 있는 지역사회란 구성원의 욕구에 폭넓게 대응할 수 있는 역량을 지니고 일상생활에서 나타나는 문제나 어려움을 효율적으로 해결해 나갈 수 있는 역량을 갖춘 사회를 뜻한다. 펠린은 이러한 역량 있는 지역사회를 만들기 위해 다음의 조건을 충족해야 한다고 보았다.

첫째로 지역주민들이 지역사회에 헌신할 것을 요구한다. 아울러 지역 구성원 간 공유된 가치나 이해관계에 대해서 충분히 이해하고 있어야 하며, 상호 간에 의견이 다르더라도 경청할 수 있는 역량을 갖춰야 한다. 또 가능한 한 많은 구성원이 지역 정책 결정 과정에 참여할 것을 요구하며, 그러기 위해 구성원 모두 높은 자존감(self-efficacy)과 자율권(empowerment)을 갖출 것을 요구한다. 펠린은 지역사회가 이러한 역량들을 모두 갖추면 구성원들 간에 지역사회 문제를 해결할 때 합의를 통해 효과적으로 협력하게 된다고 보았다.

CHAPTER 02

지역사회복지의 이해

COMMUNITY WELFARE

chapter 02

지역사회복지의 이해

1. 지역사회복지의 개념

지역사회복지는 사회복지사와 주민이 함께 공식적 · 비공식적 자원을 활용해 일정한 지역사회 내에 거주하는 주민의 다양한 욕구를 해결하는 노력의 과정이다(박태영, 2020). 이때 '일정한 지역사회 내'에서란 로스(Ross)의 지리적 지역사회와 기능적 지역사회를 모두 다 포함한다. 특히 문화, 역사, 지리적 조건, 주민 구성의 특성, 지역 내 산업 특성에 따라 지역사회의 규모나 특성이 매우 다양하게 나타날 수 있다. 다만 지역사회복지에서 말하는 '일정한 지역사회 내'는 사회복지서비스를 효율적으로 전달할 수 있는 범위 내에 존재해야 함은 분명하다. 아울러 '주민의 다양한 욕구'는 분명 복지욕구도 포함하나, 그 외에도 교육, 예술, 문화 등 주민의 생활과 관련된 전 분야를 아우르는 의미이다.

일반적으로 지역에서 사회복지서비스를 제공하는 주체라고 하면 먼저 사회복지사를 떠올릴 것이다. 그런데 그 지역에 사는 주민 자신도 자원봉사 등의 활동을 통해 사회복지서비스를 제공하는 공급 주체가 될 수 있다. 특히 최근 지역주민들의 욕구가 폭발적으로 증가하고 다양화되다 보니 전문 사회복지사들이 개개인의 욕구를 일일이 맞춰 서비스를 제공하기가 어렵다. 이때 지역사회 내에서 다양한 배경과 역량을 가진 자원봉사자를 잘 활용하면 복지서비스의 다양성과 질을 높이는 데 큰 도움이 된다. 또 지역사회에서 복지서비스는 공식적인 정부 자원을 주로 활용하지만, 이와 더불어 가족, 친척, 친구, 이웃 등 비공식적 자원을 통해 복지서비스가 공급되기도 한다.

마지막으로 지역사회의 다양한 노력에는 지자체의 역량 강화, 지역사회복지 기반 시설이나 설비의 보완, 효율적인 전달체계 구축, 지역사회 자원의 다양화 및 확충, 주민 참여의식의 강화, 지역사회에서 효율적 조직화, 복지교육 강화 등 지역 내 복지서비스체계를 강화할 수 있는 다양한 활동이 포함된다. 이처럼 지역사회복지는 지역과 그 지역에 거주하는 지역사회 구성원에게 발생하는 각종 문제를 해결하고자 하는 일련의 공식적 · 비공식적 사회적 활동을 의미한다.

이런 지역사회복지 개념은 협의와 광의의 개념으로 나누기도 한다. 정무성(1997)은 지역사회를 대상으로 하는 제반 활동을 모두 지역복지로 정의하는 것은 매우 광의적이고 추상적인 개념화라고 주장한다. 그리고 이런 광의의 개념화는 사람들에게 지역사회복지를 특정 사회복지 분야로 인식시키기에 한계가 있다고 지적한다. 이에 그는 지역사회복지를 지역사회에서 조직적이고 체계적인 개입을 통해 주민들의 삶의 질 향상에 도움을 주는 사회복지적 지식과 기술에 기반한 전문 실천영역이라고 보다 협의의 개념으로 기술하고 있다.

2. 지역사회복지의 특성

박태영(2012)은 지역사회복지의 정체성으로 다음 4가지 요소를 꼽는다. 첫째는 주민이다. 그동안 주민은 사회복지를 받는 수혜자로만 보아온 것이 사실이나, 주민도 사회복지 제공 주체가 될 수 있다. 최근 사회복지서비스는 과거 공급자 중심에서 이용자 중심의 서비스로 변모해 가고 있다. 따라서 지역사회복지에서 주민은 더 이상 서비스를 받는 수동적 대상에 머무르지 않고, 지역사회 문제를 해결하는 과정에 적극적으로 참여해 서비스를 제공하는 주체로서의 역할도 담당한다. 둘째로 지역사회복지는 주민의 생활권역 내에서 나타나는 문제를 해결하기 위한 수단이므로 지역의 특성을 고려하지 않을 수 없다. 이때 생활권역은 단순히 지리적 근접성만을 의미하는 것이 아니라, 기능적 근접성까지 함께 고려해야 한다. 이때 지역적으로 범위가 좁을수록 서비스를 효율적으로 전달할 수 있고, 지역주민의 주민참여가 용이하다. 셋째로 박태영(2012)은 지역사회복지는 공급자 측면에서는 종합성의 특성을, 이용자 측면에서는 전체성의 특성을 가지고 있다고 설명한다. 이때 공급자 측면에서의 종합성이란 서비스 제공기관 간 긴밀한 협력 네트워크를 구축해서 이용자의 다양한 복지 욕구를 충분히 해소할 수 있도록 one-stop service를 제공하는 것을 의미한다. 한편 이용자 측면에서의 전체성은 사회복지서비스를 제공할 때 단순히 주민의 복지 영역만으로 한정할 것이 아니라 보건, 의료, 고용, 문화, 여가생활, 환경, 교통, 안전 등 주민의 삶의 전반적인 영역을 모두 포함할 것을 요구한다. 넷째로 지역사회복지에서는 지역주민들이 주체적으로 국가나 지자체의 제도나 정책 결정에 참여하는 정책적 접근이 필수적인 동시에, 이러한 제도를 바탕으로 시행되는 서비스를 어떻게 하면 효과적으로 지역주민들에게 전달할지에 대한 실천적인 접근을 고민하는 양면적인 특성이 존재한다. 이런 맥락에서 지역사회복지는 매크로(Macro)와 마이크로(Micro) 사이인 메조(Mezzo)의 학문적 성격을 가지고 있다고 할 수 있다.

3. 지역사회복지의 원리

지역사회복지는 사회복지 기본원리를 바탕으로 지역 내 욕구와 사회 문제를 해소하고자 하는 목표를 가지고 있다. 프리들랜더(Friedlander, 1977)는 사회복지실천의 기본원리로 개인존중, 자기

결정, 기회균등, 사회연대를 제시하였다. 개인존중의 원리란 모든 사람이 인간으로서 존엄하기 때문에 존중받을 가치가 있음을 의미한다. 따라서 인종, 성, 장애, 경제 수준, 정치적 입장, 종교, 국적 등에 따른 차별을 거부한다. 다음으로 자기결정 원리란 사람들이 자신의 삶에 대해 스스로 결정할 수 있는 권리를 보장해 주는 것을 의미한다. 이러한 자기결정 원리에 기반해 사회복지사는 클라이언트에게 그들이 필요로 하는 도움을 제공하는 역할까지만 하고, 최종 결정은 클라이언트의 몫으로 남겨둬야 한다. 아울러 사회복지에서는 인종, 직업, 성별, 경제적 위치, 교육수준, 지위, 종교에 따른 여러 계층에게 균등한 기회를 보장해줄 것을 요구한다. 마지막으로 사회복지는 한 개인이 겪는 어려움을 그 개인 혼자만의 책임으로 돌리기보다는 사회연대적 책임을 통감하고 이들이 무사히 사회로 복귀할 수 있도록 지원을 아끼지 않을 것을 요구한다. 지역사회복지는 이와 같은 사회복지실천 기본원리를 기초로 하되, 한 발 더 나아가 지역사회 주민들이 지역 내 문제해결에 적극 참여해 주체적으로 해결해 나갈 수 있는 주민의 역량강화를 추가로 요구한다. 이에 박태영(2020)은 이러한 지역사회복지만의 특성이 반영된 다음과 같은 지역사회복지 원리를 제시하였다.

1) 정상화

1951년 덴마크에서 정신지체 장애인 부모들의 투쟁을 시작으로 1959년 덴마크 정신지체법이 제정되었는데, 이 법에서 정상화

(normalization)이라는 용어가 처음 사용되었다. 따라서 정상화는 덴마크 등 북유럽 중심으로 시작되어 널리 퍼져나간 지역사회복지의 원리라고 볼 수 있다. 이러한 정상화는 지적장애인에게 최대한 일상생활에 근접한 생활을 할 수 있도록 지원을 제공하자는 의미를 담고 있다. 따라서 정상화 원리에 따르면 보통 사람들과 다른 욕구나 특정 장애를 가지고 있다고 해서 이들을 지역사회와 분리된 곳에 따로 격리할 것이 아니라, 지역사회 내에서 보통 사람들과 일상을 함께 공유할 수 있도록 지원할 것을 요구한다. 이런 맥락에서 정상화는 탈시설화와 사회통합의 이념과 밀접한 관련성을 가지고 있다.

정상화를 실현시키기 위해서는 지역사회의 모든 사람들이 상호 협력해 다른 욕구나 특정 장애를 가진 사람들이 일상생활을 하면서 겪은 불편을 최소화하기 위해 노력해야 한다. 다만 엄태영(2022)은 탈시설화와 정상화는 유사한 개념이긴 하나 양자 간 추구하는 이념이 다름을 강조한다. 그는 탈시설화는 시설에 거주할 때보다 지역사회에서 보호할 때 비용면에서 더 효율적이라는 효율성 측면을 강조한다면, 정상화는 대상자들의 일상에서 정상적인 생활을 가능하게 해준다는 데 초점을 맞춘다고 보았다.

2) 주민참여

과거 사회복지시설에 운영비를 보조하는 방식은 사회복지서비스가 이용자의 욕구에 민감하게 대응하지 못한다는 비판이 많았다.

그래서 이용자의 서비스 선택권을 보장하는 취지에서 2007년에 노인돌봄서비스, 장애인활동보조서비스, 지역사회서비스 투자사업의 3개 사업에 처음 전자바우처가 도입되었다. 이후 사회복지영역에서 전자바우처사업 영역이 꾸준히 확대되고 있으며, 자연스럽게 사회복지서비스도 과거 공급자 중심의 서비스에서 이용자 중심의 서비스로 변해가고 있다. 이렇게 사회복지서비스가 이용자 중심으로 변모해 가면서 주민은 더 이상 수동적으로 사회복지서비스를 이용하는 이용자에만 그치지 않는다. 그보다는 더 적극적으로 필요한 것을 요청하고 새로운 아이디어를 내는 능동적 참여자로서 역할을 하게 되었다. 특히 최근에는 지역사회에서 협동조합이나 사회적기업 등 사회적경제 영역이 확대되면서, 주민이 단순한 서비스 이용자뿐만 아니라 새로운 욕구에 맞는 서비스를 개발하고 제공하는 공급자로서의 이중적 역할을 담당하기도 한다.

동시에 우리나라에 지방자치제도가 자리를 잡아가면서 점차 지역사회에서 주민들의 적극적인 참여가 중요성을 더해가고 있다. 특히 사회복지 영역에서는 그간 지역 특색을 반영한 복지프로그램 시행, 민관 협력기구인 지역사회복지협의체의 설치, 민간협력기구인 지역사회복지협의회 설치, 지역사회보장계획 수립 등 다양한 방식으로 주민들이 자신의 욕구와 문제해결의 주체로서 적극적으로 참여할 수 있는 길을 넓혀왔다. 이에 따라 지역주민 스스로 마을의 의제나 계획을 만들고 조직화해서 주민 스스로 지역 내 문제를 함께 해결해 나가고자 적극적인 참여 의지를 표명하는 사례들이 늘고 있다.

3) 사회통합

사회통합은 지역사회 내 불평등을 감소하고 사회계층 간 갈등을 줄이는 동시에 구성원의 전반적인 삶의 질을 향상시키는 것을 목표로 한다. 이를 위해 특히 노인, 장애인, 이주민과 같은 사회적 약자들과 함께 어우러져 살 수 있는 지역의 환경을 조성하는 것이 바로 지역에서의 사회통합 과정이라고 할 수 있다. 즉, 추가적인 서비스가 필요한 사회적 약자들이 지역사회 내에서 불편함 없이 다른 사람들과 어우러져 정상적 생활을 누릴 수 있게 만들고, 그 안에서 다른 사람과 사회적 교류를 통해 공감대를 형성해 나가도록 한다면 진정한 사회통합에 도달할 수 있다.

4) 탈시설화

탈시설화란 지역사회에서 시설을 아예 없애는 무시설화를 지향하는 것은 아니다. 그동안 시설보호라고 하면 장애인, 노숙자, 노인, 정신질환자 등 취약계층을 제한된 공간에서 폐쇄적으로 보호하던 방식을 의미했다. 이러한 폐쇄적 보호방식을 지역사회 구성원들이 모두 참여하는 보다 개방적인 체제로 전환하는 것이 바로 탈시설화이다. 인적자원 활용 측면에서도 그동안은 시설 운영을 시설장과 시실 직원 중심으로 폐쇄적으로 유영해왔다면 이제는 지역주민, 자원봉사자 등 다양한 사람들이 참여할 수 있도록 하는 자원활용의 개방화로 나아가는 것을 의미한다. 탈시설화는 대규모 시설 중심의 운영형태에서는 힘들 수 있고, 그룹홈이나 주간보호시설 등 소규모의 다양한 형태의 시설이 많아질수록 가능성이 높아진다.

5) 네트워크화

지금까지 사회복지서비스는 중앙정부의 엄격한 통제하에 공급자 중심의 천편일률적으로 제공된 것이 사실이다. 그런데 이러한 서비스 방식으로는 최근 사회복지영역에서 주목하고 있는 이용자 중심의 다양한 서비스를 제공하기 어렵다. 따라서 최근에는 지역주민의 다양한 욕구를 충족시키기 위해 서비스 공급체계의 촘촘하고 긴밀한 네트워크망 구축이 활발하게 이뤄지고 있다. 지역사회복지에서 네트워크망을 구축한다는 것은 곧 지역사회 내 다양한 인간관계를 조직화한다는 의미이다. 서비스 공급체계만 잘 짜인 네트워크로 조성한다고 해서 지역주민의 다양한 욕구를 만족시키기는 어렵다. 따라서 이용자 간 조직화, 공공기관 간의 조직화 등 다양한 이해관계자 간의 네트워크망을 조성하고, 이를 바탕으로 이용자, 서비스 공급자, 공공기관 간에도 통합적인 네트워크를 구축하는 노력이 추가로 필요하다. 그래야 지역사회에서 효율적으로 중복이나 누락 없이 이용자 중심의 서비스를 제공할 수 있을 것이다.

CHAPTER 03

지역사회복지 역사의 이해

COMMUNITY WELFARE

chapter 03

지역사회복지 역사의 이해

1. 영국 지역사회복지 역사

1) 지역사회복지의 기원

1800년대 후반에서 1950년대 초반까지를 영국에서 지역사회복지가 처음 발달한 시기로 본다. 이 동안에 영국에서 산업혁명이 일어났으며, 그 결과 산업화가 급속도로 진행되고 생산성이 늘어나면서 표면적으로 영국은 경제적 풍요의 시대로 들어서게 된다. 그와 동시에 산업화와 도시화로 인해 도시인구가 폭발적으로 증가하면서 실업, 질병, 범죄 등 다양한 사회문제에 직면하게 된다. 그리고 자본가와 노동자 간의 빈부격차는 날로 심화되었으며, 그 결과 도시빈민이 폭발적으로 증가하였다. 그러나 이 당시에는 빈곤이 개인의 나태함과 무능력이 복합적으로 작용해서 나타난 것이라는 개인책임론이 팽배했기 때문에, 정부 차원의 개입은 많지 않았다. 대신 민간단체, 종교단체 등에서 도시빈곤층을 대상으로 활발한 자선활동이 펼쳐졌다.

그런데 이러한 빈민구호를 위해 설립된 민간 자선단체들이 우후죽순으로 생겨나다 보니 무분별한 자선활동으로 인해 중복수혜와 누락 등의 문제가 나타나기 시작하였다. 또 대부분의 자선단체 활동이 취지는 좋으나 빈곤의 원인을 근본적으로 파악하여 해결해 주는 의미를 갖기보다는, 단순히 어려운 사람들을 일시적으로 도와주는 미봉책에 불과하였다. 이에 지역사회에 보다 조직적이고 체계적으로 자선활동을 펼치고자 하는 민간의 노력들이 시작되었고, 따라서 이 시기를 지역사회복지가 처음 등장한 시기로 분류한다.

이 시기에 지역사회에서 나타난 대표적인 민간 자선활동은 인보관운동(settlement house movement)과 자선조직협회(Charity Organization Society: COS)운동이다. 인보관운동은 1854년 데니슨(Edward Denison) 목사가 주축이 되어 옥스퍼드와 캠브리지 학생들이 슬럼가에 직접 들어가 빈민들과 함께 생활하면서 빈곤의 원인을 해결하자는 사회운동으로 시작되었다. 이 당시 옥스퍼드 대학교 학생이었던 토인비는 매우 헌신적이고 열성적으로 활동에 참여하였다. 이후 토인비는 경제학부 조교수가 되었으나, 결핵으로 갑작스레 사망하였다. 사망 후 토인비의 헌신적인 삶을 기념하기 위해 1884년 런던 동부 빈민가에 토인비홀(Toynbee Hall)을 설립하고, 바네트(Samuel Barnett) 목사가 초대 관장으로서 토인비홀을 중심으로 인보관운동을 더욱 발전시켰다. 이 당시 인보관운동의 거점 역할을 하던 토인비홀은 세계 최초로 설립된 지역사회복지관(community welfare centre)으로 평가받고 있다. 바네트 목사는 빈민가에 거주하면서 빈민과 생활을 공유하고 이들을 연구해 도움을 주고자 하였다. 특히 그는 빈곤을 경제적 문제라기보다 정신적 문제로 간주해, 교육을 통해 자립을 도와주면 스스로 빈곤탈피를 꾀할 것으로 믿었다. 토인비홀 이후 인보관운동은 급속도로 확산되었으며, 영국 전역에 100여 개의 인보관이 설립 · 운영되었다. 그리고 영국에서 시작된 인보관운동은 이후 제인 아담스(Jane Adams)에 의해 미국 시카고에서 1889년에 헐하우스(Hull house)가 설립되는 데까지 영향을 끼쳤다. 이외에도 1897년 일본 도쿄에 킹스레이(Kingsley)관이 설립되는 등 인보관운동이 전 세계적으로 확산되었다.

한편 자선조직협회(COS)도 1869년에 영국에서 처음 결성되었다. 19세기 후반부터 영국에서는 빈민을 대상으로 한 민간에서의 빈민구제활동이 활발히 전개되었다. 그런데 자선단체마다 독자적인 구호활동을 펼치다 보니 구호물자의 낭비, 중복수혜, 누락 등 많은 문제들이 나타났다. 이런 문제를 해결하기 위해 민간단체들 간 자선조직협회를 설립해 구호활동을 조직적이고 과학적으로 운영 · 관리하고자 하였다. 이에 자선조직협회는 그동안 산발적으로 이루어지던 자선모금활동을 공동모금방식으로 발전시켜 효율적인 모금 및 자원관리방법 등을 개발하였으며, 이를 통해 자선의 오용이나 남용을 막는 역할을 담당하였다.

또 자선조직협회는 우애방문원(friendly visitor)을 활용해 빈민가정을 직접 찾아가 가정 상황을 조사하고, 이를 바탕으로 도움이 필요한 사람과 그렇지 못한 사람을 구분해서 지원 여부를 결정하였다. 이는 자선조직협회 활동의 목표가 빈민들의 자활을 도와 스스로 일어날 수 있도록 돕는다는 취지보다는, 빈민들의 무분별한 의존문화를 근절하는 것을 목표로 하고 있음을 보여준다. 이때 우애방문원은 대부분 여성 자원봉사자로 이루어져 있었는데, 이들은 이전에 전혀 전문적인 사회복지 교육을 받지 못한 여성들이었다. 따라서 방문 조사의 표준화를 통해 지원 여부 결정의 객관성을 담보하고자 이들을 훈련하는 학교를 설립하기 시작하였으며, 그 결과 이들은 단순히 정신적 지지와 조언을 해주는 자원봉사자에서 체계적인 훈련을 받은 전문가로 거듭나기 시작하였다.

이 시기에 대표적인 두 자선활동인 자선조직협회와 인보관운동은 빈민구호를 중심으로 자선활동이라는 점에서 공통점이 있으나 두 운동 간에는 몇 가지 차이점을 보인다. 우선 자선조직협회운동은 사회진화론에 근거해 도와줄 가치가 있는 자와 없는 자로 나누어 철저하게 둘을 차별하는 태도를 보였으며, 개인별로 우애방문을 통해 사례 관리를 하는 데 초점을 맞추었다. 반면 인보관운동은 자유주의와 실용주의 사상에 바탕을 두고 빈민과 함께 생활하면서 이들을 교육하고 계몽시켜 자립을 돕는 것을 목표로 하는 동시에 기존 사회질서의 문제점을 비판하고 개혁하는 노력 또한 등

한시하지 않았다.

인보관운동에 참여하던 사회복지사들은 자선조직협회 사회복지사들에게 개인사례 관리에만 매몰되어 있을 뿐 빈곤의 근본적인 사회적 요인에 대해 무지하다고 비판하였다. 반면 자선조직협회에 참여했던 사회복지사들은 인보관운동에 참여하는 사회복지사들이 전문적인 교육 · 훈련을 받지 않은 사회개혁운동가에 불과하기 때문에 사회질서를 변화시키고 근본적으로 사회에서 빈곤을 퇴치할 수 있다는 무모한 꿈을 꾸고 있는 몽상가들이라고 비판하였다.

2) 지역사회복지의 태동기(1950년대-1960년대)

제2차 세계대전 이후 노인이나 정신병과 정신장애를 지닌 사람들을 사회와 분리해 시설에 수용하는 것에 대해 열등처우와 격리주의라는 비판이 쏟아졌다. 동시에 정신병원들이 직원이나 예산부족으로 인해 사고위험이 컸으며, 정신병이나 정신장애를 가진 사람들을 격리하지 않더라도 약물로 치료할 수 있는 새로운 치료법이 개발되었다. 이에 영국에서는 1950년대부터 지역사회 내에서 이들에게 치료와 서비스를 제공하는 "시설로부터 지역사회로"라는 새로운 접근법이 등장하였다. 그리고 이러한 접근법은 시설에 수용된 환자들의 조기퇴원과 정신병원의 폐쇄를 촉진시켰다.

이후 정신병 및 정신지체에 대한 왕립위원회는 1957년에 '정신병과 정신장애에 관한 왕립위원회 보고서'를 냈으며, 이 보고서는 지역사회보호의 개념을 공식적으로 사용한 최초의 공식문서로 인정받았다. 이 보고서는 신체적 · 정신적 장애인을 시설에 격리하기보다는 지역 내에서 보호하고 치료하는 탈시설화를 제안하였다. 해당 보고서의 영향으로 1959년에 「정신보건법」이 제정되어 지역사회보호가 법률에 명시되었고, 이 지역사회보호는 정부주도의 공적 체계로 발전하였다.

1962년에는 탈시설화를 통해 지역에서 만성질환자, 정신질환자 및 장애인을 지역 내에서 보호 · 관리하는 파월(Powell) 병원계획이 수립되었고, 1963년에는 지역주민에 대한 보건 및 복지서비스 상황보고서를 지방정부에 제출하도록 하는 최초의 지역보호계획인 보건과 복지계획(health and welfare: the development of community care)이 발표되었다.

3) 지역사회복지의 형성기(1960년대 후반-1980년대 후반)

1960년대까지는 지역사회보호가 중앙정부 주도로 진행되었으나, 1968년 '시봄보고서'(Seebohm report) 이후부터 지방정부 차원의 정책으로 자리잡게 된다. '시봄보고서'는 1965년에 지방행정당국의 대인서비스 조직과 책임을 검토하기 위해 조직된 지방자치단체 및 관련 대인사회서비스 위원회에서 작성한 보고서이다. 이 보고서는 가족 지향적 서비스를 제공하는 새로운 사회서비스 부서를 지방정부에 신설할 것을 제안하면서 실질적인 지역사회보호로 전환하는 계기를 마련했다고 평가받는다.

또 과거에는 아동부, 복지부, 보건부 등으로 나누어졌던 사회복지서비스를 보고서 이후 지방정부의 사회서비스국(Social Service Department: SSD)을 중심으로 통합 · 운영하도록 하였으며, 이를 통해 공공 사회서비스의 효율적인 운영 및 관리를 도모하였다.

아울러 '시봄보고서'에서는 공적체계를 통한 공식적인 사회서비스 외에 자원봉사조직, 교회, 가족, 이웃, 친구 등에 의한 민간의 비공식적 사회서비스의 중요성도 강조하였다. 이처럼 '시봄보고서'에서는 주민이 사회서비스의 수혜자이면서 서비스 제공자라는 인식을 심어주어 사회서비스 제공에 있어 지역주민의 적극적 참여를 유도하였다. 이런 지역사회의 다양한 자원을 활용하게 되면서 공공사회서비스 운영 · 관리뿐 아니라 지역 내 서비스망 구축을 통해 민관의 서비스 협력과 통합을 이끄는 중대한 임무를 지방정부 내 사회서비스국에 부여하였다.

이 시기에 '시봄보고서'와 함께 지역사회보호를 주도한 또 하나의 보고서가 바로 '하버트보고서'(Harbert report)이다. '하버트보고서'는 1971년에 설립된 Avon 지방정부 사회서비스국의 하버트의 주도하 작성된 보고서로 「지역사회에 기초한 사회적 보호(community-based social care)」라는 제목으로 출간된 보고서이다.

이 보고서는 공공기관이 제공하는 서비스만으로는 지역주민들의 다양한 복지욕구를 충족시키기 어려울 것으로 보고 민간의 적극적인 지원의 필요성을 강조하였다. 특히 민간의 자원봉사조직이나 교회 등 공식적인 민간서비스 외에도 가까운 가족, 친구, 친척을 통해 비공식적 서비스를 제공하게 하여 긴급한 욕구를 적시에 충족시켜줄 수 있도록 해야 한다고 제안했다. 그리고 이처럼 다양한 자원을 통해 제공되는 서비스들끼리 상호보완적인 관계를 유지하도록 해야 한다고도 하였다.

한편 1982년에 발표된 '바클레이보고서'(Barclay report)는 사회사업가의 직무와 역할에 대해 광범위하게 제안하고 있다. 특히 이 보고서에서는 사회복지사의 역할이 기존 상담 중심의 역할에서 지역사회에 기초를 둔 사회서비스계획(social care planning)을 세우는 역할로 전환되어야 한다고 주장하고 있다. 또 이 보고서에서는 '시봄보고서'와 달리 대부분의 지역사회보호가 실제로는 지역주민 간에 비공식적 관계망에 의해 제공된다고 보았으며, 이에 효율적인 지역사회보호를 실현시키기 위해서는 사회복지사들이 비공식 서비스와 공식 서비스 간에 긴밀한 파트너십을 개발하고자 하는 노력이 필요하다고 보았다. '바클레이보고서'는 사회복지사의 역할정립에 대해 주로 기술하고 있으며, 사회복지사의 역할 변화에 대한 방향을 제시하였다는 평가를 받는다.

4) 지역사회복지의 발전기(1980년대 후반-현재)

1979년에 대처 수상(Margaret Thatcher)이 집권하면서 신자유주의 기조하에 작은 정부를 지향하고 공공재정지출 축소하는 대신 민간 부분의 역할은 증대시켰다. 대처 수상은 1986년 그리피스(Roy Griffiths)를 위원장으로 그리피스 위원회를 구성하여 지역사회보호 체계 전반을 검토하도록 하였다. 그 결과들을 모아 1988

년 발표한 '그리피스보고서'는 그동안 공공부문의 복지서비스 제공방식에서 탈피해, 다양한 민간부문을 참여시켜 경쟁을 통해 효율적이고 보다 양질의 서비스를 제공하도록 제안한다. 이 과정에서 지방정부는 사회복지서비스를 구매·관리하는 역할을 수행하고, 서비스 제공은 주로 민간을 이용할 것을 권고하였다.

특히 이 보고서에서는 케어매니저에 의한 전문적인 이용자 욕구사정을 바탕으로 적절한 서비스를 제공하는 케어매니지먼트(care management)를 제안하였으며, 이 제안은 후에 「지역사회보호법」이 시행되면서 실제로 구현되었다. 이는 복지다원주의(welfare pluralism), 케어의 혼합경제(mixed economy of care)를 통해 지역보호체계에서도 신자유주의 이념을 실현하고자 한 대처의 의지가 다분히 반영된 것으로 풀이된다.

아울러 본 보고서에서는 지역사회보호 업무 권한의 상당 부분을 지방정부에 이양하였다. 그리고 민간서비스 조직들을 관리·감독하는 업무 또한 지방정부가 갖도록 하였다. 아울러 그동안 시설을 보조하던 중앙정부의 사회보장급여를 중단하고 이 예산을 지방정부로 이양해 집행하도록 했으며, 이를 위해 지방정부 사회서비스국을 신설해 서비스기획과 지급책임을 일원화할 것을 제안하였다. 이처럼 그리피스보고서의 핵심내용은 지방정부의 역할을 사회서비스의 직접적인 공급자에서 서비스계획자, 조정자, 구매자, 관리자 역할로 재정립하는 것이었음을 알 수 있다.

이후 영국 정부는 『지역사회보호 향후 10년과 그 이후(caring for people: community care in the next decade and beyond)』라는

백서를 출간하였다. 이 백서에서는 그리피스 위원회의 권고를 받아들여 지역사회보호 서비스의 권한을 지방정부로 이양할 것을 다시 제안하였다. 또 정신질환자나 장애인, 노인을 시설에 격리하기보다 가능한 한 기존 주거지에서 생활할 수 있도록 권고하고 있으며, 이를 통해 사회보장국(department of social security)이 지출하는 복지비용을 줄일 수 있을 것으로 전망하였다.

아울러 1990년에는 '그리피스보고서'의 내용이 입법화되어 「국민보건서비스 및 지역사회보호법(national health services and community care act)」이 제정되었다. 그리고 이듬해인 1991년에 국민보건서비스가 시행되었고, 지역사회보호 개혁은 갑자기 늘어나는 지방정부의 재정부담을 고려하여 1993년부터 시행되었다. 이 법의 주요 내용은 중앙정부에서 지방정부로 지역사회보호에 대한 권한과 재정을 이양하는 것이다. 이에 지방정부는 지역사회의 욕구와 가용자원을 고려하여 지역사회보호 계획을 수립하고, 이를 기초로 복지서비스에 대한 관리·감독을 강화하였다. 아울러 '그리피스보고서'의 제안을 그대로 받아들여 케어매니지먼트 시스템을 도입하였다. 이를 기초로 공공서비스에 대한 민간 경쟁을 유도하고 욕구에 기반한 적절한 서비스를 제공하여 복지서비스에 대한 공공지출의 효율화를 달성하고자 하였다.

이후 집권한 노동당 정부는 1997년에 뉴딜정책(new deal)을 시행하면서 공공부조에 근로연계 프로그램을 도입하였다. 근로연계 프로그램이란 청년실업자 중 복지급여 혜택을 받는 사람은 무조건 뉴딜 프로그램을 통해 취업, 직업훈련, 자원봉사활동 등에 의무적으로 참여할 것을 요구하는 프로그램이다. 이 프로그램은 청년 실업자들이 공공일자리 등에 투입되도록 하여 지역사회 시설이나 환경이 개선되는 긍정적 결과를 가져왔다고 평가받는다.

2. 미국 지역사회복지 역사

1) 자선조직협회운동기(1865년-1914년)

남북전쟁(1861-1865) 이후부터 제1차 세계대전 시기까지의 미국은 산업화에 따른 도시화로 인해 도시빈곤, 주택 부족, 질병, 그리고 이민자 문제, 흑인 문제 등 다양한 문제에 직면하고 있었다. 그런데 강력한 중앙집권적인 정부가 부재하다 보니 지역사회에서 민간이 주축이 되어 이러한 사회문제들을 해결할 수밖에 없었다. 그 대표적 활동이 영국으로부터 영향을 받은 자선조직협회운동과 인보관운동이다.

우선 자선조직협회(Charity Organization Society: COS)는 영국의 자선조직협회를 본떠 1877년 뉴욕주 버팔로에서 거틴(Stephen Humphreys Gurteen) 목사에 의해 창설되었다. 미국의 자선조직협회는 800여 개의 자선단체를 연합해 지역사회 내 복지서비스를 조직화하는데 기여했다는 평가를 받는다. 미국의 자선조직협회도 영국과 마찬가지로 우애방문원(friendly visitor)을 통해 빈민들에게 직접적인 복지서비스를 제공하는 역할을 하였으며, 동시에 사회문제를 해결하기 위한 지역사회 계획 · 조정 활동에도 적극 참여하였다. 또 여전히 미국의 자선조직협회도 사회진화론적인 이념에 바탕을 두고 빈곤을 개인의 게으름 때문에 발생하는 것으로 간주하였다. 그리고 빈민을 구제받을 자격이 있는 빈민과 그렇지 않은 빈민으로 구분하여 구제받을 자격이 있는 빈민에게만 도움을 제공하였다.

한편 1887년 덴버(Denver)지역의 자선조직협회에서 지역사회문제해결을 위해 다양한 민간조직들이 모여 공동모금을 처음 시작하였는데, 이후 제1차 세계대전과 대공황을 거치면서 전국적인 공동모금활동으로 발전하였다. 이처럼 자선조직협회는 지역사회 내에서 중복과 누락이 없는 효율적인 복지서비스 제공을 위해 자선단체들을 조직화하는 데 많은 기여를 하였다. 그리고 지역 문제해결을 위해 공동모금을 통한 역량강화 노력을 지속하였고, 이후 사회복지기관협의회로 발전해 그 명맥을 이어나갔다.

영국은 인보관운동이 자선조직협회보다 앞서서 시작되었지만, 미국의 경우는 인보관운동이 자선조직협회운동보다 10여 년 늦게 시작되었다. 미국 최초의 인보관은 1886년에 코이트(Stanton Coit)가 영국의 토인비홀 방문 후 이를 본떠 뉴욕시에 설립한 근린길드(neighborhood guild)이다. 이 근린길드의 목적은 빈민과 함께 생활하면서 교육을 통해 이들을 계몽하는 하는 것이었다.

그 후 1889년에 아담스(Jane Adams) 여사가 시카고에 헐하우스(Hull House)를 설립하면서 인보관운동이 미국 전역으로 확산되었다. 미국에서 인보관은 주로 도시지역에 빈민 이민자들이 모여사는 곳에 많이 설립되었다. 그리고 영국과 마찬가지로 미국의 인보관운동에 참여한 계층은 주로 고등교육을 받은 중산층과 대학생들로 빈민지역의 주택 개선사업, 빈민교육, 노동환경 개선 등 주로 빈민들의 계몽활동에 주력하였다. 따라서 미국에서도 자선조직협회운동이 사후처방적인 방법이었다면, 인보관운동은 사전예방적인 방법에 더 초점을 맞춘 활동으로 평가된다.

이는 인보관운동이 기초로 하는 사회 이념과 자선조직협회운동의 사회 이념 차이에서 비롯된다. 인보관운동은 자선조직협회운동과 다르게 급진주의(radicalism), 실용주의(pragmatism), 자유주의(liberalism) 이념에 기반하고 있다. 급진주의자들은 사회적으로 불이익을 받는 사람들의 권익을 보호하고자 하는 사상으로, 인보관운동에서 빈민의 노동환경과 공중보건 환경의 개선을 위해 노력한다. 또 실용주의자들은 사회의 고정된 원리와 형식을 거부하고 삶에 영향을 미치는 문제를 중심으로 개선을 이루어 나가자고 주장하고, 자유주의자들은 인간의 존엄성을 인정하며 타인에게 피해가 가지 않는 범위 내에서 개인활동의 자유를 최대한 보장하고자 노력한다. 인보관운동은 이러한 이념에 기초해 빈민들과 함께 거주하면서 빈곤의 근본 원인을 해결하는 데 초점을 맞추었다.

2) 지역공동모금과 사회복지기관협의회 발전기(1814년-1929년)

미국의 공동모금은 1887년 덴버시에서 자선단체들이 공동으로 기부금을 모집한 것에서 시작하였으며, 이후 제1차 세계대전 중에 전쟁모금회를 중심으로 전국으로 확산되었다. 이후 도시화가 가속화되면서 도시빈민층이 급격하게 늘어나자 이를 지원하는 사회복지기관도 우후죽순으로 늘어나게 되었다. 이를 해소하기 위한 과정에서 지역 차원의 공동모금활동이 활성화되었다.

이 시기에는 고액기부자들이 지역 내 공동모금에 많은 기부를 했다. 이들 고액기부자들 중 상당수가 기업가였으며, 이들은 자선보증기관을 상공회의소 내에 두고 기부를 요청한 기관에 지원을 해 줄 것인지 판단하도록 하였다. 그 결과 민간 사회복지기관들이 좀 더 많은 지원을 받기 위해 경쟁하게 되었고, 이 과정에서 기부금 배부방식이 민간 사회복지기관의 독립성을 해친다는 비판이 일자 클리블랜드 상공회의소에서 기부자, 모금활동가, 기관으로 구성된 자선박애연맹을 구성해 보다 공정하게 기부금을 배부하도록 한 것이 오늘날 공동모금회의 시작이다.

또 이 시기는 지역 내 복지기관들을 보다 효율적으로 조직화하고 지역 내에서 발생하는 사회문제를 공동으로 대응하기 위해 기존 자선조직협회들이 사회복지기관협의회로 발전해가는 시기이기도 하다. 특히 사회복지기관협의회는 그간 자선조직협회에서 활동하던 무급 우애방문원을 모두 유급 방문원으로 교체하여 전문성을 강화하였으며, 지역사회 문제해결을 위한 다양한 복지사업 조정안과 계획을 수립하였다. 또 지역에서 공동모금회의 기부모집 역량을 증진시키고자 다양한 전략을 제시하는 등 다양한 노력을 기울였다. 다만 여전히 이 당시 사회복지기관협의회는 공동모금기관에 의존도가 높은 연합체 성격이 강했으나, 점차 전문가들과 시민들의 참여가 확대되면서 사회사업기관의 자치성 확보를 위한 노력을 하는 협의회로 변화하였다.

3) 지역사회복지의 형성기(1929년-1954년)

1929년부터 1939년까지 미국은 주식시장의 붕괴와 함께 대공황시기로 접어들게 된다. 이 시기에는 은행 및 증권업계가 도산하고 많은 사업체들이 파산하면서 대량의 실업자가 발생하였다. 특히 기업의 파산과 실업으로 인해 빈민층이 걷잡을 수 없이 증가하자 더 이상 민간기관 중심의 복지서비스 제공만으로는 감당할 수 없는 상태가 되어버렸다. 대공황으로 인한 사회적 문제를 해결하기 위해 정부가 적극적으로 개입할 필요성이 대두되었고, 결국 1935년에 루즈벨트(F. D. Roosevelt) 대통령이 뉴딜정책을 통해 연방정부의 개입을 발표하였다. 뉴딜정책에서는 대공황으로 발생한 경제적 문제를 타개하기 위해 은행을 개혁하고, 일자리 안정 사업들을 진행하였다.

아울러 노동자의 협상력을 강화하기 위해 노동자의 단결권과 단체교섭권을 보장하고, 부당해고 · 차별대우 · 부당노동행위 등을 금지하는 「와그너법」(Wagner Act)도 이 시기에 제정되었다. 그리고 연방정부는 1935년 「사회보장법」을 제정하여 연방정부가 관리하는 노령보험, 연방정부는 재정만 보조하고 주정부가 관리하는 실업보험, 공공부조 및 공공 사회복지서비스 도입 등을 추진하였다. 「사회보장법」의 제정으로 노령연금과 실업보험에서 전 노동인구의 50% 정도가 혜택을 받게 되었으며, 공공부조 프로그램인 ADC(Aid to Dependent Children)를 통해 실직, 장애, 사망, 실종 등으로 인해 부모의 지원을 받지 못하는 요보호아동들이 월 6~10달러씩 지급받게 되었다.

이 시기는 전통적인 애덤 스미스식 자유방임주의는 더 이상 대공황에 빠진 미국을 구제할 수 없을 것이라는 우려가 팽배했다. 따라서 케인즈식의 수정자본주의를 도입하였고, 대공황을 타파하기 위해 복지영역에서 민간보다는 정부의 역할이 증대된 시기이기도 하다. 연방정부의 적극적 개입을 통해 과거 민간단체에서 해오던 지역사회복지서비스 중 상당수를 정부기관으로 이양하였으며, 지역에서 해오던 사업들이 국가 차원의 사업으로 전환되었다. 이에 연방정부 차원에서 사회복지체계를 다시 수립할 필요성을 느껴 1933년부터 국가계획위원회(National planning board)를 설립·운영하였고, 지역사회복지 전문가 중 일부는 정부기관으로 들어가 활동하였다. 그리고 사회복지기관협의회가 더 전문화되면서 지역사회복지협의회(Community welfare council)로 발전하였다.

한편 지역사회조직(community organization) 활동도 활발하게 전개되었다. 지역사회조직 활동은 빈곤 등의 사회문제를 해결하기 위해 지역사회 조직화를 강조하는 활동이다. 특히 지역주민 스스로 지역 문제해결을 위해 조직 활동을 하는 앨린스키(Alinsky)식 지역사회조직 운동이 가장 활발하게 전개되었다. 앨린스키식 지역사회 조직화는 1930년대 말부터 시카고(Chicago) 노동자 거주지역에서 시작되었는데, 주민 간 민주적 의사결정과 모든 구성원에게 열려 있는 개방성, 권력층과의 대결전략을 핵심전략으로 제시하였다. 앨린스키식 지역사회조직 운동은 미국 전역에 민주적인 지역사회조직을 확산시키는 데 이바지하였으며, 1939년 레인(Robert P. Lane)위원회에서 지역사회조직 실천분야(the field of community organization) 보고서를 통해 지역사회조직화가 사회복지실천 방법으로 공식화하는 데 지대한 영향을 끼쳤다.

4) 지역사회복지의 발전기(1950년대 중반-현재)

1951년 캔자스주에 사는 린다 브라운(Linda Brown)이라는 학생이 인근의 Sumner 초등학교에 입학하려 하자 백인 학생만을 받던 학교 측에서 입학을 거부하는 사건이 있었다. 이에 교육위원회(board of education)를 상대로 소송을 제기했으며, 대법원은 1954년 교육에서 흑백차별은 「수정헌법」 제14조를 위반하는 위헌적 행위라고 판결하였다. 이를 계기로 흑인 운동, 인디언 인종차별반대운동, 동성애 인정운동, 대마초 판매허용운동, 여성 임신중절 합법화운동 등 다양한 인권운동이 등장했다. 이러한 진보운동을 하는 사람들 중에는 사회정의를 추구하고 지역사회 문제를 해결하는 데 관심을 가진 활동가들이 많았으며, 이들을 중심으로 다양한 사회행동 전략 및 계획들이 마련되었다. 그 결과 지역사회복지 영역도 전통적 빈민구제 이외에 정신건강, 주택, 교육, 문화 등 다양한 영역으로 확대되었으며, 적극적인 주민참여를 독려해 지역사회 통합을 추구하는 방향으로 발전해 갔다.

한편 1960년대는 존슨(Lyndon Johnson) 대통령이 빈곤과의 전쟁(War on Poverty)을 선포한 시기(1964년)이기도 하다. 존슨 행정부는 위대한 사회(Great Society) 건설을 위해 시민권 보장, 빈곤가정 교육비 지원, 질병퇴치, 도시정부, 낙후지역 개발 등 다양한 프로그램에 박차를 가하였다. 아울러 65세 이상이나 장애인들을 위한 메디케어 프로그램도 이 시기에 처음 시행되었다. 물론 이 시기에 사회복지영역에서 중앙정부의 역할이 더욱 커진 것은 사실이나, 빈곤퇴치를 위한 다양한 프로그램들이 추진되는 과정에서 주민을 조직화해서 지역 내 문제를 스스로 해결해나갈 수 있도록 지원하는 지역사회복지 프로그램들도 함께 추진되었다. 대표적인 예로 지역사회행동 프로그램(Community Action Program: CAP), 헤드스타트(Head Start), 자원봉사단 프로그램(Volunteers in Service to America: VISTA) 등이 있다. 지역사회행동 프로그램은 지역사회 주민들이 당면문제를 해결하고 스스로 지역사회를 대변하고 조직하는 활동을 돕는 프로그램이다. 또 헤드스타트 프로그램은 저소득 빈곤가정 아동에게 포괄적 서비스를 지원하는 프로그램이고, 자원봉사단 프로그램 또한 자원봉사자에게 지원금을 주면서 빈곤퇴치를 위한 자원봉사활동을 돕는 프로그램이다. 이처럼 연방정부가 주도한 중앙집권적 프로그램은 결국 지역사회 조직의 수요를 가속화시키고 풀뿌리 주민조직을 확산시키는 촉매제로 작용하였다.

1970~1980년대는 1973년과 1978년에 두 차례의 석유파동으로

물가는 급등하고 경제성장률은 위축되는 스태그플레이션이 있었다. 그 결과 신자유주의 이념이 확대되었고, 결국 닉슨(Richard Nixon) 정부는 기존 연방정부 사회복지예산을 삭감하고 민간의 참여를 권장하면서 자조를 기반으로 한 지역사회실천 모델을 강조하게 된다. 더불어 신자유주의들은 그간 케인즈 이론에 기반해 지나치게 정부가 시장에 개입하면서 생산의 비효율성을 초래하였고, 그 결과 자본주의의 몰락을 가져왔다고 비판하였다. 그리고 방만한 복지제도는 근로의욕을 감소시키고 복지병을 유발한다고 비판하면서 정부의 사회복지비를 감축해야 한다고 강력하게 주장하였다.

이후 1981년 레이건(Ronald W. Ragan) 정부가 들어서면서 연방정부의 사회복지 예산을 이전보다 대폭 삭감하였다. 그 대신 복지의 책임을 개인, 가족, 지역사회 책임으로 돌리고 연방정부의 지역사회 개입을 대폭 축소해 그 대안으로 지역사회에서 지방정부, 민간기업, 가족 중심의 복지운동이 전개되기 시작하였다. 특히 이처럼 줄어든 예산을 가지고 최대한 이전과 같은 수준의 서비스를 제공하기 위해 지역사회에서는 자조집단과 자원봉사를 활성화하는 노력이 시작되었다.

1990년대 클린턴(Bill Clinton) 대통령이 취임한 후에도 상황은 크게 달라지지 않았다. 여전히 추가적인 복지삭감에 대한 압력이 컸으며, 사회복지서비스의 민영화를 요구하는 보수주의 영향력이 지배적이었다. 특히 클린턴 정부시기인 1996년 복지개혁이 이루어졌는데, 이 개혁의 핵심은 복지수급기간을 제한하고 수급자에게 근로를 강제하는 것이었다. 아울러 1935년 「사회보장법」이 제정되면서부터 시행된 기존의 부양아동가족부조(Aid to Families with Dependent Children: AFDC)에서 연방정부 분담분을 주정부 일시부조프로그램(Temporary Assistance for Needy Families: TANF) 운영을 위한 포괄보조금(black grant)으로 대체하였다. 그리고 1996년 복지개혁에서는 지역사회 복지서비스 기관의 행정, 계획, 평가개발에 초점을 맞추어서 이들에게 서비스 효과성을 증명하고 효율성을 강화하는 등 조직들의 책무성을 강조하게 된다.

3. 한국 지역사회복지 역사

1) 근대사회 이전의 지역사회복지

근대사회 이전부터 우리나라에서는 자연발생적이고 비공식적인 상호부조를 통한 민간중심의 공동체가 형성되어 있었다. 그 대표적인 사례가 두레, 계, 향약, 품앗이이다. 두레는 '공굴', '공굴이', '조리' 등 다양한 명칭으로 불리는데, 이웃끼리 노동을 나누고 행사를 함께 즐기는 마을단위 조직을 의미한다. 품앗이도 두레와 마찬가지로 가까운 이웃끼리 일손을 도와주는 제도이다. 그런데 두레는 주로 마을 전체가 참여하는 조직인 반면, 품앗이는 가까운 이웃 간의 조직이다. 또 계는 돈이나 곡식을 거두어 마을 사람들이 이용하는 자생적 협동조직이고, 향약은 유교적 이념을 바탕으로 향촌의 질서를 확립하기 위해 주로 지역 내 양반들이 조직한 향촌자치규약이다.

민간에서 자생적으로 발생한 협동공동체뿐만 아니라 공공에서도 다양한 지역사회복지제도를 마련하였다. 대표적인 제도가 의창이다. 의창과 사창은 모두 춘궁기에 가난한 농민들에게 곡식을 빌려주고 추수 때 돌려받는 각 지방에 설치된 구호기구이다. 다만 의창은 국가에서 운영하는 공공기관의 성격을 가지는 반면, 사창은 촌락 단위로 설치된 민간 구호기관의 성격을 가진다.

상평창도 근대 이전 시기에 대표적 구호기관 중 하나이다. 특히 상평창은 물가조절을 통해 농민들을 보호하기 위한 기구로, 고려 성종 때 개경과 서경, 그리고 양주, 광주 등 지방 12목에 설치하여 조선시대까지 이어져 온 제도이다. 상평창에서는 곡물 가격이 하락할 때 쌀을 사들여 농민을 보호하고, 곡물 가격이 너무 올라가면 이전에 비축한 곡식을 시장에 풀어 곡물 가격의 폭등을 막아 빈곤한 백성들의 구매 부담을 완화하는 기능을 했다.

마지막으로 진휼청도 조선 중종 때부터 이재민과 흉년에 빈민을 구제하는 일을 담당했던 기관이다. 진휼청은 의창이 세조 때부터 경영난으로 제 기능을 못하고 설상가상으로 사창마저 성종 말엽부터 구호기관으로서의 역할을 다하지 못하는 상황에서 중종 때 큰 흉년이 들어 굶어 죽는 백성들이 늘어나자 설치된 기관이다. 이후 진휼청은 점차 평상시에는 곡물 가격을 조정하는 상평창과 같은 역할을 담당하고, 흉년에는 구호기관으로 두 가지 업무를 모두 수행하는 기관으로 발전하였다. 이처럼 한국에는 이미 근대 이전부터 오랫동안 자생적인 민간주도와 공공주도의 지역사회복지제도들이 존재하였다.

2) 근대사회 이후의 지역사회복지

일제 강점기의 민간중심 지역사회복지는 크게 협동조합운동과 인보관운동으로 나눠볼 수 있다. 우선 총독부는 식민통치의 수단으로 금융조합을 만들어 농민을 통제하고 수탈하였다. 1936년에는 금융조합 하부조직으로 촌락단위 농가 대표들이 참여하는 식산계를 조직해서 식민지 수탈의 선봉장 역할을 하게 하였다. 이러한 일제의 식민지 탄압에 저항하는 민중들이 자발적으로 지역에서 협동조합운동을 설립하였다. 이후 일제로부터 정치적 자립을 이루기 위해서는 경제적 자립이 필요하다는 인식이 퍼지면서 지역 내 소비협동조합을 결성하는 운동이 점차 확산되는 양상을 보였다. 1920년에 서울과 목포에 결성된 경성소비조합과 목포소비조합을 최초의 협동조합운동으로 본다. 이후 여러 지역에서 협동조합운동사, 농민공생조합, YMCA가 주도하는 마을협동조합 등 다양한 협동조합이 등장하였다.

또 이 시기는 우리나라에 들어온 외국 선교사들에 의해 인보관운동이 시작된 시기이다. 한국 최초의 인보관은 1906년 미국 여선교사인 놀스(Mary Knowles)가 원산에 세운 '반열방'이다. 이 반열방은 처음에 초가집에서 여성들을 대상으로 계몽사업을 펼쳤고, 이후 번창하여 1926년에 보혜여자관을 건립해 여성을 위한 야학을 전개하였다. 또 1921년에는 미국 감리교 여선교사인 마이어스(Mary D. Myers)가 태화기독교사회복지관 전신인 태화사회관을 서울에 설립하였다. 태화사회관은 우리나라 최초의 현대적 의미의 사회복지관으로 평가되며, 이 시기 여성들에 대한 차별대우를 사회적 문제로 인식하여 여성들을 교육하고 계몽하는 데 앞장섰다. 다만 이후에 조선총독부에 의해 1935년 북부 인보관, 1936년 마포 인보관, 영등포 인보관 등이 나타났는데, 이러한 인보관을 설치한 이유는 주로 식민정책의 일부로 은혜를 베풀고 빈민을 통제하여 식민지 지배 강화를 이루기 위한 정치적 목적이 강하였다.

3) 지역사회복지의 형성기(1950년대-1970년대)

일제 강점기를 지나 해방 이후 한국은 38도선 이남에 미군이 38도선 이북에는 소련이 대한민국 정부 수립 전까지 주둔하였다. 그리고 1948년 이승만 초대 대통령이 취임하면서 대한민국 정부가 출범하였다. 그러나 해방 후 국가가 채 제대로 정비되기도 전에 한국전쟁이 발발했다. 그 결과 이 시기에는 전쟁 이후 국가재건을 위한 재원 마련조차 힘든 시기였고, 대부분의 국민들이 끼니를 걱정해야 했던 시기였다. 따라서 이 시기 사회복지는 주로 선진국 중심의 외국 원조기관들에 의존하는 양상을 보였다. 상황이 이렇다 보니 사회복지서비스는 주로 임시적이고 응급적인 방식으로 제공되었으며, 주로 전쟁 피해로 인해 긴급한 사정이 있는 고아, 미망인, 무의탁 노인, 빈민을 중심으로 당장에 필요한 기초물자들을 전달하는 수준에 그쳤다.

이후 1952년 7개의 외국 민간원조기관을 중심으로 '외국 민간원조기관 한국연합회'(Korean Association of Voluntary Agencies: KAVA)가 설립되면서 본격적으로 다양한 분야에서 사업을 시행하게 된다. 이 연합회는 'Korea Church World Service', 'Cooperative for American Relief of Everywhere', 'Christian Children's Fund, World Vision', 'Foster Parent's Plan, Unitarian Service Committee of Canada' 등 민간구호단체 7개 기관이 부산에서 처음 시작하였으며, 이후 꾸준히 회원이 늘어 1964년에는 KAVA 소속기관이 70여 개에 달했다. 이 KAVA는 사회복지교육 활동을 통해 우리나라에 북미식 선문화된 사회사업 실천방법과 관련 이론들을 소개하였으며, 이 외에도 보건, 구호, 지역사회 개발 등 다양한 지역사회복지 사업을 수행하는 데 중추적 역할을 담당하였다.

이처럼 외국의 민간원조기관들이 사회복지교육 활동에 참여하면서 이 시기는 대학 부설 사회복지관의 등장과 지역사회 내 다양한 민간 사회복지관이 출연하는 시기이기도 하다. 1956년에 이화여자대학교에 우리나라 최초로 대학부설 사회복지관이 건립되면서 대학도 지역사회에서 인보관운동에 참여하는 계기를 마련하였다. 개인이나 민간단체가 아현인보관(1956년), 목포 사회복지관(1962년) 등을 설립하기도 하였다.

이후 1970년대는 우리나라가 정부 주도로 경제성장에 박차를 가하던 시기이다. 이 시기에는 1962년에 1차 경제개발 5개년 계획을 시작으로 1981년까지 총 4차례의 경제개발 계획을 수립해 빠른 산업화를 이뤄나갔다. 초기 경제개발계획에서는 중공업 중심의 기간산업과 사회간접자본의 확충을 우선 목표로 삼았으며, 그 결과 우리나라는 전쟁으로 인한 폐해로부터 빠르게 경제발전을 이루었다. 이에 1970년대에는 외국 민간 원조기관의 활동이 점차 감소하고 사회복지기관들이 운영에 어려움을 겪으면서, 국가가 보조금을 일부 지원해 국내 사회복지관 사업이 기본 골격을 갖추기 시작한 시기이다. 이후 1976년에는 전국 22개 사회복지관이 연합회 한국사회복지관연합회를 설립해 회원들 간에 세미나, 사례발표, 홍보활동, 심포지엄 등 공동활동을 활발히 전개해 나갔다.

한편 1970년대는 정부 주도의 지역복지사업인 새마을운동이 활발히 전개된 시기이기도 하다. 우리나라에서는 이미 1958년에 지역사회개발위원회가 처음 구성되면서 지역사회개발사업이 시작되었다. 이후 1970년대에 들어오면서 이 지역사회개발사업이 새마을운동 사업으로 전환되었고, 전국 33,000개 마을에서 근면 · 자조 · 협동을 기조로 해서 마을의 생활환경 개선을 위한 운동을 활발히 전개하였다. 초기 새마을운동은 근면 · 자조 · 협동정신을 바탕으로 농촌에서 농촌 가꾸기 사업 형태로 시작하였으며, 이후 1977년 공장 새마을운동, 1979년 도시민 의식개선운동으로 확대되면서 전 지역사회에서 새마을운동이 활발하게 일어났다. 다만 새마을운동은 표면적으로는 민간형태의 모습을 띠고 있으나, 여전히 관 주도의 지역사회개발 운동이라는 점에서 통상적인 자생적 풀뿌리 지역사회복지사업과는 성격이 다르다. 그럼에도 불구하고 새마을운동은 한국의 농촌 근대화와 경제발전에 많은 도움이 되었다고 평가된다.

4) 지역사회복지의 정착기(1980년대-1990년대 초반)

1970년대부터 눈부신 경제성장을 이룬 덕분에 일자리도 많이 창출되고 전반적인 삶은 나아졌지만, 그 이면에서는 다양한 사회문제를 맞닥뜨리게 된다. 특히 경제성장에만 총력을 다 하다 보니 그 과정에서 빈부격차 문제, 노동자 인권 문제, 지역 간 격차 문제 등이 새롭게 사회문제로 떠올랐다. 이에 노동자, 농민, 빈민 등이 생존권을 위해 노동조합이나 농민단체들을 결성해 생존권 보장을 위한 운동을 벌였다. 여기에 인권침해와 독재정권에 맞서는 민주화운동이 박정희 정권 시절부터 꾸준히 이어져 왔다. 따라서 전두환 정권에서는 이러한 사회적 불만을 잠재우기 위해 복지사회 건설과 빈곤의 고통으로부터 해방을 국정 기조로 삼았고, 그 결과 사회복지에 대한 다양한 정책들이 수립되던 시기이다. 이에 1980년대 정부 주도하 지역사회복지가 과거에 비해 상당한 변화와 발전을 이루었다.

연도별로 구체적으로 살펴보면 1983년에 「사회사업법」 개정을 통해 사회복지관 운영에 공식적으로 국가의 보조를 받게 되었으며, 이후 1988년에 '사회복지관 운영 · 건립 국고보조사업지침'을 수립해서 사회복지관을 규모별로 가형, 나형, 사회복지관(다형)으로 구분해서 규모별로 차등적으로 국고보조금을 지급하는 방식을 도입하였다.

1989년에는 '사회복지관 설치 밀 운영 규정'을 제정하여 통일된 사회복지관 운영을 시도하였다. 특히 해당 규정에서는 사회복지관 설치 운영에 관한 총칙, 사업 종류 및 대상, 시설 설치, 조직 및 종사자, 사업운영 및 경비부담에 대한 표준화된 운영 규정을 제시하였다. 또 사회복지관 연합체인 한국사회복지관협회 설립근거와 기능에 대해서도 '사회복지관 설치 밀 운영 규정'에서 명시적으로 규정하고 있다. 한편 1989년에는 「주택건설 촉진법」에 저소득층 영구임대 아파트 건립 시 의무적으로 일정 규모 이상의 사회복지관을 두도록 하는 규정도 추가되었다.

또 1980년대는 사회로부터 격리하는 방식의 시설중심 보호에서 지역사회 내에서 복지서비스를 제공하는 방식의 재가서비스를 도입하기 시작한 시기이다. 1980년대 초부터 노인결연사업, 상담사업이 확대되면서 1987년 한국노인복지회가 국제노인복지회와 국고보조금에서 일부 지원을 받아 처음으로 노인을 위한 가정봉사원을 파견하기 시작하였다. 이외에도 장애인재활협회, 서울장애인종합복지관을 중심으로 지역사회 중심 재활사업이 실시되어 장애인 가정방문을 통한 상담, 교육 등의 재가서비스가 시행되었다.

동시에 효율적 생활보호사업 운영을 위해 1987년부터 사회복지전문요원을 읍 · 면 · 동 동사무소에 별정직 공공복지 담당 공무원으로 배치해서 지역의 공공부조 제공 업무를 담당하도록 하였다. 이들 사회복지전문요원은 서울, 부산, 대구, 인천, 광주, 대전 등 전국 6개 대도시 저소득층 밀집지역을 중심으로 배치되었으며,

이를 계기로 지역 공공복지전달체계가 발전하는 기틀이 만들어졌다. 그러나 사회복지전문요원제도는 사전에 충분한 준비 없이 시행되다 보니 초창기에는 지침이나 고시 등에 업무만이 규정된 상태였는데, 이후 1992년 「사회복지사업법」을 개정하면서 사회복지전담공무원과 복지사업전담기구 설치의 법적 근거를 마련하였다. 또 1992년 「사회복지사업법」 개정을 통해 "사회복지전문요원"이라는 명칭을 '사회복지전담공무원'이라는 명칭으로 변경하였으며, 1992년 「지방공무원임용령」 개정, 1993년 「국가공무원 임용령」 개정으로 통해 사회복지직렬 5급을 신설하고 사회복지분야에서 5급부터 9급까지 다양한 직급제도를 갖추게 되었다. 그리고 2000년에는 사회복지전담공무원이 별정직에서 일반직 공무원으로 전환되기 시작하였고, 신규채용자들도 일반직으로 임용되기 시작하였다.

마지막으로 1980-1990년대는 지역사회주민 중심의 지역사회행동이 활성화되는 시기이기도 하다. 이에 따라 저소득층이 사는 지역에서 철거민 중심으로 전개된 재개발반대운동, 그리고 사회환경단체를 중심으로 핵발전소 설치반대운동 등 주민운동이 전개되었다. 이처럼 1980-1990년대는 민주화운동과 더불어 생활권 보장을 위한 사회운동적 성격의 지역사회복지운동이 확산되다보니, 기존 정부 주도의 지역사회개발모델에서 지역주민이 주도하는 사회행동모델로의 변화도 함께 나타났다.

5) 지역사회복지의 발전기(1990년대-현재)

우리나라는 이미 1949년부터 「지방자치법」을 제정해서 지방자치를 시행하려고 했으나 한국전쟁 발발로 지방의원 선거를 실시하지 못하였고, 1952년에 와서야 한강 이남 지역에서 기초 · 광역의회 의원을 지방선거를 통해 선출하면서 지방자치가 시작되었다. 이후 제2공화국이 출범하면서는 광역단체장과 기초단체장을 모두 주민 직선으로 선출하고자 「지방자치법」을 개정하였다. 그런데 1961년 군사쿠데타 발발로 군정부가 들어서면서 지방자치에 관한 임시조치법을 시행하여 지방의회를 해산하고 자치단체장을 중앙정부가 결정하는 임명제로 전환하였다. 그 후 오랜 시간 동안 중앙정부의 강력한 지방행정 통제가 이루어지다가 1988년 지방자치법 개정을 통해 1991년부터 기초 및 광역의회 의원을 선출하기 시작하였고, 1995년부터는 지방자치단체장을 지역주민이 직접 선출하는 직선제를 도입하였다.

이처럼 1990년대 후반 지방자치제도의 부활로 지역사회복지가 활성화되는 발판이 마련되었다. 그 결과 지역사회복지관이 폭발적으로 증가하여 1990년에 58개소에 불과했던 사회복지관이 2020년에는 500개소에 육박할 정도로 지난 30년 동안 10배 가까이 증가하였다. 또 2005년부터는 사회복지관 운영을 지방자치단체에 이양해 지방정부가 운영하도록 하고 있다. 이 과정에서 지방교부세법 개정을 통해 분권교부세를 신설해서 기존 중앙정부의 국고보조사업을 지방자치단체로 이양하면서 지방재정 운용의 자율성을 높이기 위해 필요한 재정도 함께 이전하였다. 분권교부세는 포괄보조금 방식으로 지방정부로 이전되기 때문에 사회복지관 운영을 위한 재원 활용에 있어 지방자치단체의 자율권이 보장된다. 이 분권교부세는 본래 기존 국고보조사업이 지방이양사업으로 전환되면서 해당 분야에 필요한 예산을 지방정부에 보전해주기 위해 2009년까지 한시적으로 도입되었으나, 5년 더 연장해서 2014년까지 분권교부세 형식으로 지방정부 재정을 지원하였다. 이후 2015년에 지역에서 사회복지서비스 운영 지원에 활용되던 재원인 기존 분권교부세가 보통교부세로 통합되었다.

한편 1980년대에는 민간 주도로 시설보호로부터 벗어나 자신의 가정에 기거하면서 복지서비스를 제공받는 재가복지서비스를 시범사업으로 진행하였다. 그러다가 1992년에 정부가 노인, 장애인, 소년소년가장, 한부모 가정 등을 대상으로 가정에서 사회복지서비스를 받을 수 있도록 전국의 노인복지관, 장애인복지관, 사회복지관에 재가복지봉사센터를 부설해 운영하도록 하였다. 이처럼 지역사회에서 제공하는 사회복지서비스가 다양해지면서 서비스 질 저하에 대한 우려도 커져갔다. 이에 1997년 「사회복지사업법」을 개정해 사회복지시설이 적어도 3년에 1회 이상 평가를 받도록 의무화해 사회복지서비스의 효율성, 효과성, 그리고 사회복지기관의 책임성을 높이고자 하였다. 다만 그간 “3년마다 1회 이상”이라는 사회복지시설의 평가주기가 명확하지 않다는 비판이 제기되어, 2014년에 “3년마다”로 개정하였다. 현재는 보건복지부장관 및 시도지사가 3년에 한 번씩 시설평가를 실시하고 있다.

1980년에는 「사회복지사업기금법」에 근거해 사회복지기금관리위원회가 설치되었으며, 이때부터 관 주도에 의한 민간성금의 모금이 시작되었다. 그러다가 관 주도의 성격이 강한 사회복지기금의 관리 및 운용에 있어 문제점들이 나타나면서 이를 해결하기 위해 민간주도의 공동모금 도입이 논의되었다. 마침내 1997년 「사회복지공동모금법」이 제정되면서 공동모금회를 단독 법인화하였으며, 1998년부터 전국 16개 광역시 · 도에 사회복지공동모금회에서 공동모금활동을 진행하였다.

1998년은 광역단체 사회복지협의회가 독립법인화를 이룬 해이다. 한국사회복지협의회는 1983년 「사회복지사업법」 개정을 통해 법정단체로 규정되었으며, ① 사회복지에 관한 조사, 연구 및 정책을 건의하고, ② 사회복지 관련 기관 및 단체 간의 연계 · 협력 · 조정의 역할을 하고, ③ 소외계층 발굴 및 민간 사회복지 자원과 연계 · 협력업무를 담당하는 역할을 담당한다. 1984년에는 경기도, 충청북도, 충청남도, 경상북도, 전라북도, 전라남도를 시작으로 광역단체 사회복지협의회가 조직되기 시작했으며, 이후 서울시, 부산시, 대구시, 인천시, 경상남도, 제주도, 울산시에 차례로 설립되면서 현재는 16개 지역사회복지협의회가 활동 중이다. 또 광역단체 사회복지협의회는 그동안 한국사회복지협의회의 정관에 기초해 활동을 이어왔는데, 1998년 「사회복지사업법」 개정으로 현재는 독립법인으로 운영되는 체제로 변화하였다.

이 시기는 지역사회에서 그동안 민간에서 자발적으로 운영해오던 지역아동센터 공부방을 국가에서 지원을 받아 운영하는 아동

복지시설로 법제화를 이룬 시기이다. 빈곤층 아동 · 청소년을 대상으로 한 공부방은 그동안 계몽운동 차원에서 민간 자원봉사자의 노력으로 이어져 왔다. 그러다가 1990년대에 들어서면서 아동지도사 교육 · 훈련을 통해 아동지도사를 배출하고, 1996년 「영유아보육법」 시행규칙 개정을 통해 보육교사가 방과 후 아동지도를 담당할 수 있는 시설 설치규정을 마련하였다. 이후 2004년 「아동복지법」 개정을 통해 지역아동센터를 법제화해서 기존 공부방 활동을 제도권으로 진입시키는 데 성공하였다.

2010년대에도 지역사회 내에서 더욱더 효율적인 복지서비스 제공하기 위해 박차를 가하였다. 2010년에는 사회복지통합관리망인 행복e음이 서비스를 시작하였으며, 이러한 사회복지통합관리망을 기반으로 2012년에는 복합적 욕구를 가진 지역 내 대상자에게 통합사례 관리를 제공하고, 지역 내 자원 및 사업을 총괄적으로 관리하는 컨트롤타워인 희망복지지원단이 전국 시 · 군 · 구에 일제히 문을 열었다. 이 희망복지지원단은 민 · 관의 긴밀한 네트워크를 구축해 사회보장정보시스템에서 제공하는 정보를 기초로 지역에서 효율적인 통합사례 관리와 맞춤형 복지서비스를 제공하는 데 중추적 역할을 담당한다.

2012년은 「협동조합기본법」이 제정된 해이기도 한데, 이 「협동조합기본법」은 지역에서 취약계층에게 일자리나 사회서비스를 제공하고 지역사회를 위한 공헌 활동을 하는 제4섹터인 사회적협동조합을 설립할 수 있는 근거를 마련했다는 데서 높은 평가를 받고 있다.

2016년에는 읍 · 면 · 동 복지허브화 사업이 시작되었다. 읍 · 면 · 동 복지허브화 사업은 앞서 2015년에 서울시 80개 동에서 찾아가는 동주민센터(찾동) 사업을 시작해 성공을 거두자 이를 본떠 중앙정부에서 전국적 사업으로 확대 실시하게 된 사업이다. 해당 사업을 통해 읍 · 면 · 동에서는 맞춤형 복지전담인력을 통해 찾아가는 방문상담, 민 · 관 협력을 통한 통합사례 관리, 지역자원 발굴 서비스 등을 제공한다. 이처럼 읍 · 면 · 동 복지허브화 사업을 추진하는 과정에서 2016년에 읍 · 면 · 동사무소의 명칭을 행정복지센터로 변경하기도 하였다.

또 2019년에는 사회서비스원이 설립되었다. 사회서비스원은 시 · 도지사가 설립한 공익법인으로 긴급돌봄, 종합재가서비스 등 사회서비스를 제공할 때 공공성을 담보하고 사회복지서비스 종사자의 처우개선을 통해 궁극적으로 서비스 품질을 향상시키는 것을 목표로 한다. 사회서비스원은 지방자치단체로부터 국공립 시설을 우선적으로 위탁받아 운영하고 서비스 종사자들을 직접 고용하는 역할을 하고, 지역사회에 종합재가센터를 설치하여 재가서비스를 직접 제공하는 역할도 한다. 또 서비스 제공의 질을 향상시키기 위해 종사자에게 적정 업무량 이상으로 무리하지 않도록 관리하고 고정적인 월급을 보장하는 역할도 담당한다. 2019년에는 서울시, 대구시, 경기도, 경상남도에 시범사업으로 추진되었으며, 점차 전국에 사회서비스원이 확대되고 있는 양상을 보인다.

CHAPTER 04

지역사회복지 이론

COMMUNITY WELFARE

chapter 04

지역사회복지 이론

사회과학자들은 사회현상을 설명하기 위해 다양한 관점에서 이론을 발전시켜왔다. 지역사회복지실천 영역에서는 이 중 어떠한 이론적 접근법에 기초해 적합한 실천방법을 모색할 것인지에 따라 문제의 진단, 해결과정, 사회복지 전문가로서의 역할 등이 달라진다. 이러한 사회과학이론들이 사람을 대상으로 하는 사회복지영역에서 변수가 많아 100% 딱맞게 적용되긴 힘들겠지만, 적어도 사회복지사들이 문제를 이해하고 적절한 개입방법이 무엇인지를 결정하는 데 도움을 줄 수는 있다(Hardcastle et al., 2004).

리드(Reed, 2005)는 지역사회복지 영역에서 사회과학이론의 중요성에 대해서 다음과 같이 설명한다. 우선 사회과학이론은 당면한 지역사회의 현상을 다양한 관점에서 이해할 수 있도록 도와주고 적절한 개입방법을 결정하는 데 지침을 제공한다. 따라서 실천

현장에서 욕구사정, 분석, 계획, 실행, 평가 전 과정에서 중요한 도구로 활용될 수 있다. 특히 사회과학이론은 사회복지사가 이론적인 실천지식을 통해 자신의 실천기술을 향상시키는데 도움을 주며, 사회복지사가 바람직한 지역사회를 조성하거나 이상적인 지역사회로의 변화를 이끄는데 필요한 요소가 무엇인지 결정하는 데도 도움이 된다.

사회복지사가 사회문제의 원인을 어떻게 접근하는가에 따라 문제를 바라보는 시각이 달라지고 해결방법도 달라진다. 이런 맥락에서 보면 사회과학이론은 사회복지사의 실천방법의 차이를 불러오는 아주 중요한 역할을 한다고 볼 수 있다.

사회문제의 원인을 바라보는 접근법은 크게 세 가지로 나눠진다. 첫째가 개인적 결함에 원인을 두는 접근법이다. 사회문제의 원인을 개인적 결함이 원인을 둘 경우, 그 해결방법은 개인을 변화시키는 방법을 모색하는 것이다. 왜냐하면 사회문제가 나타나는 원인을 사회구성원 개인에게서 찾으면 반드시 따라야 하는 규범이나 가치로부터의 개인의 일탈로 규정할 수밖에 없기 때문이다.

대표적으로 루이스(Oscar Lewis, 1960)가 제시한 빈곤문화론(poverty culture theory)을 들 수 있다. 이 이론에 따르면 부모의 교육수준이 낮은 저소득 가정에서는 생활환경이 열악하기 때문에 아동이나 청소년의 욕구를 충족시키기 어려운 경우가 많다. 그렇다 보니 이러한 빈곤한 가정의 아동, 청소년은 성격 결함이나 사회부적응이 더 쉽게 나타나 비행으로 이어질 가능성이 높다. 이처럼 사회문제는 질병, 성격적 결함, 부적응 등 문제를 가진 개인에 의해 발생한다고 본다. 이 경우 사회복지사가 현장에서 활용할 수 있는 실천기술은 개인상담, 행동교정, 심리치료, 약처방, 일탈이나 범죄행위에 대한 교정활동 등이다.

반면 사회문제의 원인을 사회제도의 결함에서 찾는 접근법은 사회구조가 급속하게 변하다 보니 기존 사회규범 및 제도가 이를 따라가지 못해 사회문제가 발생하게 된다고 본다. 예컨대 산업화·기계화가 빠르게 진행되면서 이제는 단순노동업무를 모두 기계가 대신한다. 그런데 교육이나 훈련의 기회가 적은 빈곤계층은 이처럼 산업현장이 변화하는 속도를 따라갈 역량이 부족해서 결국 기계에게 일자리를 내주고 실업의 늪에서 헤어나지 못한다. 또 다른 예로 처벌 위주의 사회제도를 가진 사회의 경우 경범죄를 저지르더라도 처벌을 받게 되고 범죄자라는 사회적 낙인이 찍힌다. 그 결과 이들이 사회에서 할 수 있는 일이 점차 줄어들어 결국 다시 범죄를 저지르게 된다. 제도의 결함에서 사회문제의 원인을 찾는 접근법은 사회복지사가 정부에게 기존의 부당한 규범이나 제도에 대한 시정조치를 취하도록 요구하고, 지역주민들이 집단행동을 통해 사회문제해결을 위한 의제 설정과 정책결정 과정에서 주민의 욕구가 반영되도록 노력하게 한다.

마지막으로 사회문제는 개인과 사회제도 어느 한쪽의 결함만으로 나타나는 것이 아니라 두 가지 결함이 복합적으로 결합되어 사회문제로 발현되는 것이라고 주장하는 통합적 접근법이 있다. 이 접근법에 따르면 사회문제는 개인적 질병, 게으름, 부적응, 성격결함 등에 따른 문제이기도 하지만, 불공정한 소득분배제도, 불평등한 교육 · 훈련체계, 미흡한 치안제도 등 불완전한 제도도 나타나는 문제이기도 하다고 본다. 따라서 통합적 접근법에서 사회복지 실천가는 클라이언트에게 신체적 · 정신적인 개인적 노력과 변화를 요구하는 동시에, 제대로 된 교육이나 훈련, 불공평한 제도의 개선을 정부에 요구하는 노력까지 기울여야 한다.

이처럼 문제를 인식하는 이론적 접근법에 따라 지역사회 문제에 대한 인식이 달라질 때 그 해결방법이 달라지기 때문에 이 장에서는 지역사회에 나타나는 문제를 바라보고 분석하는 다양한 이론적 틀에 대해 살펴보고자 한다.

1. 고전이론

1) 기능주의(functionalism) 관점

기능주의이론은 가장 오랜 전통을 가진 이론으로 균형이론이라고도 부른다(Collins, 1994). 기능주의이론은 19세기에 프랑스 사회학자인 콩트(Auguste Comte)가 사회를 하나의 거대한 유기체로 보는 사회유기체설을 발표하면서 등장하였다. 이후 스펜서(H. Spenser)는 콩트의 사회유기체설과 다윈의 진화론을 결합해 사회가 단순사회에서 복합사회로 진화한다는 사회진화론을 주창하였다. 스펜서를 이어 뒤르켐(E. Durkheim)도 사회의 통합과 연대를 강조하는 사회유기체론의 관점을 이어나갔다. 다만 뒤르켐은 콩트나 스펜서와 달리 개인들이 유기적으로 통합된 사회를 이루는 것이 필연적인 것은 아니고 개인들 간에 도덕적 통합이 이루어지지 않으면 분열될 수 있다고 본 점에서 다소 차이를 보인다. 1920년대에는 말리노프스키(B. K. Malinowski)와 래드클리프 브라운(A. R. Radcliffe-Brown)이라는 인류학자들이 뒤르켐의 영향을 받아 다윈(Darwin)의 진화론적인 입장에서 사회를 상호연관된 하위요소로 구성된 하나의 통일체계로 보았다. 즉, 이들은 한 사회 내 다양한 요소들이 얼핏 보기엔 서로 무관한 독립적 개체인 것처럼 보여도 실제는 사회항상성(social equilibrium)과 균형(balance)을 유지하면서 유기적으로 상호 결합되어 있다고 본 것이다.

그렇다면 사회항상성과 균형을 유지하기 위한 조건은 무엇인가? 기능주의론자의 주장에 따르면 사회체계 내 각 체계들이 자신의 역할을 제대로 수행할 때 사회 전체가 균형 잡힌 안정을 유지할 수 있다(Collins, 1994). 구체적으로 사회의 오랫동안 안정적인 균형상태를 유지하기 위해서 가족체계는 재생산과 그 결과 탄생한 아이의 양육과 사회화 역할을 잘 수행할 필요가 있다. 그리고 교육체계는 청소년과 청년에게 교육과 기술, 그리고 문화를 잘 전달해 주는 역할을 수행해야 한다. 또 정치체계는 사회구성원을 효율적으로 통제하는 역할을 수행하고, 경제체제는 재화나 서비스를 생산해서 분배하고 소비하는 역할, 그리고 종교체계는 권력에 대한 존경의 표현수단을 가르치고 도덕적인 지침을 제공하는 역할을 충실히 수행해야 한다. 이후 기능주의이론은 파슨스(T.

Parsons)와 머튼(R. K. Merton)에 의해 보다 발전하였다. 기능주의는 질서나 균형이 잡힌 사회를 정상적인 사회로 보고, 정상적인 사회에서는 사회 각 구성요소 간 하나의 유기체적 연대를 이룬다고 주장한다. 따라서 사회의 모든 구성요소는 자신과 전체에 동시에 이익이 될 수 있도록 힘쓰게 된다.

기능주의 관점에서는 지역사회를 하나의 유기체로 간주하며, 정치, 경제 종교, 가족 등의 하위체계로 구성되어 있다고 본다. 기능주의론자들에 따르면 지역 내에서 다양한 제도 간 서로 합의된 가치나 규범에 따라 조화를 이루고 균형과 안정을 유지하는 상태가 가장 이상적이다. 지역사회 내 하위체계 간에는 상호 연계를 통해 이러한 균형상태를 이루고자 노력한다. 기능주의론자들은 사회를 하나의 유기체로 보기 때문에, 이들 중 일부가 없거나 재기능을 못해서 사회의 균형과 질서가 깨지면 사회가 제대로 기능하지 못하고 결국 사회문제가 발생한다고 본다. 예컨대 우리 사회에 이혼이 늘고 한부모와 맞벌이 가정이 증가하면서 자녀를 양육하는 데 어려움을 호소하는 가정이 크게 증가하였다. 이처럼 일부 가족체계에서 자녀 양육 및 교육이라는 본연의 기능을 제대로 수행하지 못하면서 청소년 중에 낙제생이 증가하게 되고, 이들 중 일부는 비행을 일삼고 범죄에 가담하는 등 사회문제가 나타나게 되었다. 사회체계 내 일부가 재기능을 못해 불균형이 나타나는 문제를 완화하기 위해 복지서비스와 같이 제도적 개입이 필요하다. 예컨대 위 사례에서 한부모 가정이나 맞벌이 가정이 늘어 자녀 양육에 어려움이 크고 그 결과 사회문제로 이어진다면, 아이돌봄 서비스나 국공립 어린이집 · 유치원, 방과후교실 운영 등을 통해 부모 대신 사회화 교육을 담당하는 제도가 마련될 필요가 있다.

2) 갈등주의(conflict theory) 관점

갈등주의는 1950년대 독일 사회학자인 다렌도르프(R. Dahrendorf)가 기능주의적 관점을 비판하면서 출발하였다. 갈등주의는 개인을 사회로부터 행동과 사고에 영향을 받는 피동적인 주체로 보는 거시적 접근법을 따르고 있다는 점에서 기능주의와 어느 정도 공통점을 가진다. 그러나 갈등주의이론은 기능주의이론처럼 사회 구성요소들이 유기체적으로 조화와 균형을 이루고 있다고 보지 않는다. 대신에 서로 권력과 자원을 차지하기 위해 경쟁하는 과정에서 일정 수준의 갈등이 필연적으로 발생한다고 주장한다. 이처럼 갈등주의는 사회를 질서와 동의를 만들어내는 곳으로 보기보다는 오히려 갈등을 유발하고 불평등한 관계를 생산해 내는 곳으로 보는 마르크스(K. Marx), 베버(M. Weber), 짐멜(G. Simmel) 등의 사상에 기초하고 있다.

최일섭 외(2008)는 갈등이론이 공통적으로 다음과 같은 기본 가정에서 출발한다고 보았다. 우선 갈등주의론자들은 모든 사회에서 집단 간 상반된 이익 때문에 갈등이 자연스럽게 발생한다고 주장한다. 즉, 사회에 존재하는 권력과 자원이 희소해서 사회에 불평등하게 분배되다 보니, 그 결과 집단 간에 이를 더 많이 소유하려는 이익이 충돌하면서 경쟁이나 투쟁과 같은 갈등이 표출된다.

기능주의에서도 경쟁이 나타나긴 하나 그 의미는 갈등주의에서의 경쟁과 사뭇 다르다. 기능주의이론에서의 경쟁은 선의의 경쟁이며 규칙에 의거한 바람직한 경쟁이다. 반면 갈등주의에서 나타나는 경쟁은 희소자원 분배를 둘러싸고 자원을 소유한 지배자 계층과 자원을 소유하지 못한 피지배자 계층 간에 불평등한 힘의 논리를 기초로 하는 경쟁이다.

한편 갈등주의에서는 모든 사회현상은 대립적 모순을 내포하고 있다고 본다(Collins, 1994). 그리고 이 모순된 상태에서 다시 새로운 사회체계가 등장한다고 보는 갈등의 변증법적 관계를 가정한다. 따라서 갈등주의이론에 따르면 한 사회 내에서 지배계급과 피지배계급 간의 지속적인 갈등이 사회를 발전시키고 변화시킨다. 초기 산업화 과정에서 생산수단을 소유한 부르주아 계급과 임금생활자인 프롤레타리아 계급으로 분화되었다. 그런데 생산수단을 소유한 부르주아는 노동력만 보유한 프롤레타리아를 착복해 자신들의 재산만 더 축적하고, 프롤레타리아는 노동력만 더 착취당할 뿐 계속 빈곤에 허덕이게 된다. 그 결과 부르주아 계급과 프롤레타리아 계급 간에 갈등이 발생하게 되고, 이 갈등의 결과 계급이 없는 사회를 만들어 불평등과 노동력 착취를 방지하는 방향으로 발전해갔다. 더 나아가 독점금지법, 노사정위원회 구축 등 강력한 규제를 통해 기업이 이윤추구뿐만 아니라 사회안정성을 추구하도록 유도하기도 한다.

갈등주의에 기초해 지역사회를 바라보면 지역사회 내 각 계층들 간 희소한 지역자원을 둘러싸고 갈등 상황이 나타나는 것을 쉽게 확인할 수 있다. 따라서 갈등주의에서는 이러한 갈등 상황을 어느 사회나 볼 수 있는 매우 보편적인 현상으로 본다. 그리고 이 갈등 상황을 통해 지역 내 나타나는 불평등한 권력, 경제력의 분배를 완화하기 위해 다양한 새로운 지역사회제도가 등장한다. 알린스키(S. Alinski)는 이러한 갈등주의이론을 지역사회 실천에 활용한 대표적 인물이다. 알린스키는 미국의 사회 전반을 기득권이 독점하다시피 하고 있어서 사회발전이 더디다고 보고, 이를 해결하기 위해 주민들의 자발적 의사로 지역사회조직을 만들어 적극 대응할 것을 권고하였다(Schutzand & Miller, 2015).

3) 상징적 상호주의(symbolic interactionism) 관점

상징적 상호주의는 사회학자 미드(G. M. Mead)와 쿨리(C. H. Cooley)에 의해 처음 등장하였다. 미드(Mead, 1934)는 아이들이 성장하면서 자신과 다른 사람과의 관계를 파악하고, 다른 사람의 입장에서 자기 자신을 바라보는 사회성을 발전시킨다는 자아형성이론을 제시하였다. 한편 쿨리(Cooley, 1902)도 개인의 자아가 주위 사람들과의 상호작용을 통해 형성된다고 보았다. 따라서 다른 사람들이 자신을 귀하게 생각하면 긍정적인 자아가 형성되나 그렇지 않으면 열등한 자아가 형성될 수 있다고 보았다. 이후 블루머(H. Blumer, 1969)에 의해 상징적 상호주의라는 용어가 탄생하였다. 블루머(1969)는 그의 저서에서 다음과 같이 상징적 상호주의의 이론적 가정을 제시하였다. 블루머 이론에 따르면 개인은 다른 사람들과의 상호작용을 통해 의미를 이해하고, 사회에서 정해진 의미를 중심으로 행동을 한다. 즉, 다른 사람과의 상호작용을 통해 특정 행동을 하였을 때 사람들이 자신의 행동에 어떻게 반응할지를 생각하고, 주변 사람들의 반응이 예측되는 방향으로 행동하게 된다는 것이다. 그리고 사람들 간의 상호작용은 정태적이고 불변하는 것이 아니기 때문에, 상호작용을 통해 끊임없이 의미가 변화하고 재정립된다.

상징적 상호주의에서는 보편적이고 객관적인 사회문제란 존재하지 않는다. 왜냐하면 사회문제는 사회에 참여하고 있는 구성원들이 상호작용을 거치면서 사회문제라고 의미를 부여해야 비로소 사회문제가 되기 때문이다. 예컨대 어떤 지역에서는 흡연문제를 구성원들이 사회문제로 해석하지 않기 때문에 사회문제가 되지 않지만, 또 다른 지역에서는 사회문제가 될 수 있다.

앞서 설명한 기능주의와 갈등주의이론이 거시적 구조주의 관점에서 사회현상을 분석한 이론이라면, 상징적 상호주의는 미시적으로 개인들이 사회에서 상호관계를 맺으면서 어떻게 행동하는지를 분석한 이론이다(Collins, 1994). 따라서 지역사회에서 사회문제가 발생할 경우, 사회구조를 변화시키기보다는 구성원들끼리 상호작용이 원활하도록 커뮤니케이션 환경을 개선해서 개인에게 집단이 공유하는 의미 세계에 동의하도록 재사회화를 실시한다.

2. 체계이론

1) 사회체계이론(social system theory)

사회체계이론은 독일 사회학자인 루만(N. Luhmann)이 처음 정립한 이론이다. 루만(1995)에 따르면 사회체계는 사회관계 속에서 인간에게 영향을 미치는 가족, 집단, 지역사회와 같이 다양한 형태의 사회조직을 의미한다. 이때 각각의 사회체계는 차별성 있는 정체성을 가지게 되고, 이 정체성이 체계 내부에서 의사소통을 통해 지속적으로 재생산된다. 만약 내부에서 구성원 간 상호 의사소통을 통해 차별화된 정체성을 유지하지 못한다면, 그 체계는 붕괴되어 없어지고 다른 체계의 외부환경에 머무른다.

또 사회체계이론에서는 크고 작은 다양한 하위체계가 상호작용을 통해 서로 연결되어 전체 체계에 영향을 미치고, 전체 체계는 다시 하위체계에 영향을 미친다고 본다. 따라서 전체 체계의 역량을 강화하기 위해서는 다양한 체계 간 긴밀한 상호작용이 중요하다고 본다. 예컨대 지역사회는 가족, 친구, 집단, 마을, 기관 등 각자의 역할이 다른 다양한 하위체계로 구성되어 있고, 이들 하위체계 간에는 의사소통을 통해 긴밀한 상호관계를 갖는다. 따라서 사회체계이론은 지역사회에서 연결되어 있는 크고 작은 사회체계의 정체성과 역할을 이해하는 데 도움을 준다. 또 가계도, 생태도, 사회관계망 등을 통해 클라이언트가 속한 체계에 대한 총체적인 구조와 기능을 파악하는데 유용한 이론적 틀을 제공한다. 이처럼 사회체계이론을 통해 지역사회의 구조와 기능, 그리고 그 관계에 대해 설명할 수 있다.

대표적으로 하디나(D. Hardina, 2002)는 사회체계이론에 기초해 효과적인 지역사회복지 실천을 위한 이론적 기초를 제시하였다. 이 이론에 따르면 상위체계가 지역사회 내 하위체계의 변화를 유도한다. 예컨대 중앙정부가 나서서 빈곤층에게 보다 두터운 복지혜택을 주고자 관련 법과 제도들을 개혁하는 등 강력한 의지를 드러내면, 지역사회 내 개인, 집단, 마을, 기관 등의 하위체계의 개혁 의지에도 영향을 미치게 된다. 거꾸로 개인, 기관, 마을 등 하위체계는 상호작용을 통해 전체 지역사회에 영향을 미치기도 한다. 예를 들어 지역사회 내 범죄율을 줄이기 위해서 범죄자에게 보다 강력한 제재를 가하고 이들을 사회로부터 분리하는 정책에만 그치는 것은 반쪽짜리 해결책이다. 동시에 기관, 동호회, 마을 등 여러 하위체계가 자율방범대, 거리 캠페인 등을 실시해 범죄를 예방하기 위한 다양한 노력을 통해 범죄율을 줄이는 것이 바로 사회체계이론을 적용한 지역사회 문제해결방안 중 하나이다.

이처럼 사회체계이론은 지역사회 구조와 기능 및 지역사회와 하위체계 간 상호작용을 설명하였다는 데서 의의가 크다. 다만 사회체계이론은 다음과 같은 한계들이 존재한다. 첫째로 현실에서는 사회체계이론에서 가정하는 것처럼 유기적으로 잘 짜인 하나의 시스템으로서의 지역사회 예시를 찾아보기 힘들다. 둘째로 사회체계이론은 지역사회의 균형 유지와 안정적인 변화에 초점을 맞추고 있어 지역사회에서 흔히 볼 수 있는 갈등과 급진적 개혁 등의 변화를 설명하는 데는 한계가 있다.

2) 생태체계이론(ecosystem theory)

생태체계이론은 생태학과 체계이론이 결합된 이론으로, 인간과 주변 환경 간에 지속적으로 상호작용을 하면서 어떻게 서로 영향을 주는지에 초점을 맞춘다. 또 생태체계이론에서는 인간이 다양한 주변 환경과 지속적으로 상호작용을 하는 과정에서 결국 환경에 적응하고 진화해서 사회적 균형(social equilibrium)을 이루게 된다고 본다. 앞서 설명한 사회체계이론은 사회를 구성하는 정태적인 하위체계의 구성과 기능에 더 큰 관심을 보인 반면, 생태체계이론은 인간과 다양한 체계의 환경 간에 상호작용에 따른 역동적인 변화에 더 관심이 크다. 따라서 생태체계이론을 이해하기 위해서는 인간이 상호작용하는 환경을 파악하는 것이 중요하다.

콤튼과 갤러웨이(Compton & Galaway, 1994)는 이러한 인간을 둘러싼 환경을 4가지로 구분한다. 첫째로 개별 수준(individual level)은 개인의 신체적 · 정신적 건강, 불안, 우울, 불만 등을 경험하는 개인이 속한 최근접 환경에서 일어나는 상황을 설명한다. 예컨대 개인이 부모 역할과 관련된 일로 받는 스트레스가 가족이나 자녀와의 상호작용에 영향을 미칠 수 있다. 둘째로 미시수준(micro level)은 가족, 학교, 동아리, 친구, 직장 등 일상생활 속에서 개인이 쉽게 마주 대할 수 있는 대면적인 대인관계 환경을 설명한다.

미시수준은 개인의 특성과 성장 시기에 따라 달라질 수 있다. 셋째로 중간수준(mezzo level) 환경이 존재하는데, 이 중간수준 환경은 개인을 둘러싸고 있는 두 개 이상의 미시수준 환경에 영향을 주는 네트워크 환경을 의미한다. 즉, 가정과 학교 간의 관계, 가정과 직장 간의 관계처럼 두 개 이상이 연결된 미시체계를 의미한다. 특히 중간수준 환경은 미시수준 환경에 영향을 준다. 예컨대 화목한 가정환경을 가진 개인이 직장에서 인정받는 것, 이성친구가 생기면서 또래집단과 어울림에는 관심이 없는 등의 경우가 중간수준 환경과 관련이 있다. 넷째로 거시수준(macro level)은 문화, 관습, 정치, 사회, 법, 경제 등 광범위하게 사회구성원에게 영향을 미치는 환경을 설명한다. 이러한 거시수준 환경은 직·간접적으로 중간수준, 미시수준, 개별 수준에 모두 영향을 준다.

생태체계이론이 기여한 바는 바로 이러한 지역사회에서 존재하는 다양한 환경들을 인지하고, 이 환경들과 클라이언트 사이에 나타나는 상호작용을 고려한 점이다. 특히 생태체계이론은 인간을 환경과 상호작용하면서 진화하는 역동적 존재로 보았으며, 환경 또한 인간과의 상호작용을 통해 물리적·사회적 환경을 지속적으로 변화한다고 보았다.

이처럼 생태체계이론은 인간과 환경과의 상호작용을 통해 변화하는 과정을 역동적으로 설명했다는 데서 의의가 있다. 예컨대 특정 지역에서 청소년 범죄문제가 심각하게 증가하고 있다면, 이는 해당 지역주민뿐만 아니라 인접지역에까지 잠재적으로 영향을 미칠 수 있다. 따라서 실제로 청소년 범죄가 심각하게 발생하고 있는 지역의 학교, 범죄를 저지르는 청소년의 가족뿐만 아니라 마을, 인접지역, 관련 기관, 청소년단체 등이 상호협력하여 적극적으로 청소년 범죄 예방을 위해 노력해야 한다. 이러한 일련의 노력을 통해 해당 지역과 인접지역, 그리고 더 나아가 지역사회 전체에서 청소년 실제 범죄율과 잠재적 범죄율이 모두 낮아진다면, 이는 다양한 수준의 환경과 상호작용을 통해 진화하고 변화하는 지역사회의 역동성을 잘 보여준 사례가 될 것이다.

생태체계이론은 클라이언트와 관련된 하나의 상황이나 하나의 체계에만 관심을 두지 않고, 보다 통합된 관점에서 사례를 바라본다. 동시에 사례를 지나치게 단순화하지 않으면서 여러 환경과의 상호작용관계의 복잡성을 정리하는 데 도움을 준다. 다만 여전히 인간이 환경과의 지속적 상호작용을 통해 적응함으로써 체제 균형이나 안정성을 향해 변화해 가는 과정을 설명하는 이론으로, 인간이 환경에 대한 저항을 통한 변화를 설명하지 못하는 한계를 보인다.

3. 정치과정이론

1) 고전적 엘리트이론(Elite theory)

고전적 엘리트이론은 사회가 일정 규모 이상이 되면 자연스럽게 소수 엘리트층과 다수의 피지배층인 대중으로 나뉘고, 사회정책은 소수의 엘리트층의 가치를 기준으로 일방적으로 결정된다고 주장한다. 즉, 사회의 규모가 커져 계층적으로 분화되면 이를 효율적으로 관리하기 위해 엘리트층과 대중으로 양극화하게 되며, 이러한 지배구조는 오랫동안 지속되는 경향이 있다는 것이다. 고전적 엘리트이론의 대표적 학자는 파레토, 모스카, 그리고 미헬스이다. 고전적 엘리스이론에서는 정책결정 과정에서 엘리트계급이 대중에 대한 책임감은 전혀 느끼지 못하고, 따라서 사회 전체에 대한 이익에는 관심이 없이 오로지 자신의 이해관계만을 고려해 정책을 결정한다고 보았다.

파레토(V. Pareto, 1915)와 모스카(G. Mosca, 1939)는 소수 엘리트층과 다수의 대중으로 나뉘는 원인이 엘리트층이 대중보다 물질적, 지적, 도덕적으로 우월하기 때문이라고 주장한다. 파레토와 모스카는 이처럼 여러 방면에서 우월한 엘리트층은 대중을 설득할 수 있는 역량을 가진 사람들이며, 이러한 우월성을 바탕으로 자신의 위치를 강화하고자 노력한다고 주장한다. 파레토는 엘리트계층 내에서는 순환이 발생하는데, 이는 하층 엘리트가 상층 엘리트의 지위에 도전해서 성공할 때 가능하다고 보았다. 또 모스카는 엘리트가 마르크스의 주장처럼 반드시 경제적 생산수단을 소유한 부르주아일 필요는 없고, 개인의 탁월한 능력에 의해 결정된다는 입장이다. 미헬스(R. Michels, 1915)는 민주주의든 공산주의든 어떠한 정치체제이든 국가를 안정시키려는 정부조직이 있는 한 결국 과두제(oligarchy)로 귀결된다고 주장하였다.

엘리트이론에 따르면 지역사회에서도 똑같이 엘리트층에 의한 권력 독점이 나타난다. 엘리트이론에 따를 때 문제는 사회복지를 포함한 주요 정책이 모두 대중의 이익에는 전혀 관심이 없고, 오로지 엘리트층의 이익에 부합하는 방향으로 흘러가게 된다는 점이다. 따라서 이 이론에 따르면 엘리트 계층의 이해관계가 엮이지 않으면 지역주민의 욕구가 정책 결정에 충분히 반영되지 않을 수 있다.

2) 다원주의이론(pluralism theory)

엘리트이론이 권력이 소수의 엘리트에게 집중된다고 보는 입장이라면, 다원주의이론은 한 집단에 권력이 집중되기보다는 이익집단들의 의사를 통해 정책이 결정된다고 보는 이론이다. 다원주의이론에 따르면 다양한 이익집단들이 의견을 표출해 정책결정 과정에 영향을 미치며, 이 과정에서 정부는 공정하고 중립적으로 이익집단들의 이해관계를 조정해서 상호 균형을 이루는 선에서 정책을 결정하게 된다. 따라서 이처럼 서로 경쟁하는 이익집단은 민주주의 안정에 필수불가결한 요소이다. 결국 사회정책은 이처럼 다양한 이익집단들 사이에 나타나는 상호작용의 산물로, 이들 사이에 타협을 이루면서 최종적인 정책이 결정된다.

다원주의이론을 주장한 대표적 학자로는 벤틀리(A. Bentley), 트루먼(D. Truman), 달(R. Dahl)이 있다. 벤틀리(1908)는 정치를 여러 이익집단 간에 끊임없이 상호작용하면서 조율해가는 과정으로 보았다. 이 과정에서 다양한 이익집단이 자신의 이익을 확보하기 위해 상호작용하고, 만약 자신의 이익이 침해받으면 자신의 모든 자원을 대동해 대항하는 양상을 보인다고 하였다. 다만 벤틀리가 제시한 다원주의이론에서는 이익집단 간 갈등과 대립을 통한 혁명적 변화보다는, 오히려 이들 간 상호작용을 통해 타협하고 점진적인 균형을 모색하는 과정을 강조한다.

트루먼(1951)은 개인이 여러 이익집단에 가입함으로써 멤버십 중복(overlapping membership)현상이 나타난다고 주장하였으며, 아울러 이익집단을 현실적 집단(actual group)과 잠재적 집단(potential group)으로 나눠 정책형성과정을 설명함으로써 다원주의이론을 보다 정교화하였다. 멤버십 중복이란 한 이익집단에 소속된 개인이 다른 이익집단에도 가입하는 것을 의미한다. 이때 두 개의 이익집단 간 갈등이 나타나도 양쪽으로 가입한 구성원들 때문에 갈등 양상이 완화되고, 한 세력이 우세하게 지배하는 구도가 형성되지 않는다고 보았다. 아울러 현재 조직되어 있는 이익집단을 현실적 이익집단으로, 아직 조직되지 않은 이익집단을 잠재적 이익집단으로 본다. 그리고 만약 한 이익집단이 사회를 장악하고자 시도할 경우, 그 집단에 대응하여 잠재적 집단들이 조직된다고 보았다. 트루먼은 이 경우 정책결정자는 잠재적 집단을 염두에 두기 때문에 특정 집단의 지나친 권한 강화를 방지할 수 있다고 주장한다.

달(1961)은 미국 뉴헤이븐시의 1780년부터 1950년까지 정책결정 과정을 조사한 결과를 통해 과두제에서 다원주의로 정책결정 체제가 변화하였다고 주장하였다. 달은 미국 사회를 지배하는 것은 여전히 엘리트이지만, 선거라는 제도를 통해 유권자들이 점차 이들을 효율적으로 통제하고 있음을 밝혔다. 또 트루먼과 마찬가지로 달도 특정 집단에 지나치게 권력이 집중될 경우 위협을 느끼는 다른 이익집단들이 자신들의 자원을 동원해 과도한 세력 팽창을 견제한다고 보았다.

따라서 다원주의이론에 따르면 지역사회에서 권력이 집중되는 양상을 보이기보다는 다양한 이익집단이 참여해 정책결정 과정에 다원화가 나타나는 현상이 나타난다. 그리고 지역사회 정책 형성은 이익집단 간의 경쟁과 타협의 산물이며, 이때 지방정부의 역할은 이들 이익집단 간의 갈등을 중재하고 조정하는 것이다.

4. 현대사회학이론

1) 사회구성론(social constructionism)

사회구성론은 우리가 당연하게 받아들이는 지식에 대해서 비판한다. 버거와 럭맨(Berger & Luckman, 1966)은 사람들이 당연하게 여기는 지식이 객관적이거나 절대적이지 않으며, 정치, 문화, 사회, 역사적인 맥락 안에서 구성되는 것으로 보았다. 사회구성론자들은 상징적 상호주의의 영향을 받은 자들이다. 따라서 지역사회에서 다수가 특정 문제를 사회문제로 인식하게 되면 그때서야 사회문제가 되는 것이지, 처음부터 사회문제로 존재한 것은 아니다. 즉, 지역사회에서 사회문제가 나타나는 것은 사회 다수가 설정한 믿음과 다르게 행동하는 특정 개인이나 집단을 비정상적이고 반사회적으로 인식하기 때문이라는 것이다. 사회구성론의 입장에 따를 때 사회복지사는 사회문제가 사회 주류집단의 이익을 대변하기 때문에 나타나는 경우가 많아서 소수집단이 자신의 권익을 찾고 사회에 새로운 가치와 규범을 만들어가도록 적극적인 행동에 나설 수 있게 도우미 역할을 담당한다. 이를 위해 클라이언트가 속한 사회의 정치적, 사회적, 문화적 규범을 충분히 이해하고, 원활한 의사소통능력을 갖추어야 한다. 또 틀에 박힌 사고에서 벗어나 클라이언트를 잘 이해할 수 있도록 열린 사고를 하는 것이 필요하다. 이처럼 사회구성주의 입장에서 사회복지사는 변화를 위한 직접적인 개입보다는 클라이언트가 일상생활의 경험에 새로운 의미를 부여할 수 있도록 도와주는 역할을 주로 한다.

하디나(Hardina, 2002)는 구체적으로 사회구성론 관점에서 지역사회복지사에게 다음과 같은 실천 원칙을 제시하였다. 첫째, 정치, 경제, 사회적 구조가 지역사회 내 어떠한 사회문화적 가치나 규범을 형성하는지 파악해야 한다. 둘째, 특정 사회문화적 상징이나 의미를 규정하기 위해서는 다른 전문가들과 적극적으로 의견을 교류할 필요가 있다. 셋째 지역사회가 특정 현실을 어떻게 해석하는지 지배문화를 어떤 방식으로 개인들에게 강제하는지를 보다 포괄적으로 파악하기 위해 소수집단의 의견도 적극적으로 청취할 필요가 있다. 이러한 일련의 노력을 통해 지역사회 주류집단이 어떻게 소수 집단에게 영향을 미치고 어떻게 문제를 개선해 나가야 할지에 대한 지식과 이론을 창출해내야 한다고 주장한다.

2) 권력의존이론(power dependence theory)

에머슨(R. Emerson, 1962)은 권력의존이론을 기초로 집단 간에 상호의존관계가 강하게 나타날수록 관계가 지속될 가능성이 높아지고, 그 관계가 더욱 돈독해진다고 보았다. 또 자원을 소유한 집단과 자원을 소유하지 못한 집단 간에 권력관계가 나타나게 되면서 자원을 소유하지 못한 집단은 자원을 소유한 집단에 의존할 수밖에 없다고 보았다. 이처럼 집단 간 상호 의존관계에 불균형이 나타나면 이는 권력 불균형으로 이어지고, 결국 갈등과 사회적 변화로 이어진다고 주장한다.

특히 한 개인이나 집단이 다른 개인이나 집단에 의존하는 비중은 얼마나 다양한 자원을 확보해서 자율적으로 활용할 수 있는가와 연결된다. 한 조직이 다른 조직이 보유한 자원에 의존하는 경향이 크다면, 이 조직은 타 조직에 자원 의존성이 높아지고 통제를 받을 수밖에 없다. 여기서 중요한 점은 자원을 보유한 조직은 권력을 사용할 의도가 없지만 자원 의존관계 구조에 따라 자연스럽게 권력의 불균형이 나타나게 된다는 것이다. 그런데 권력의존이론에 따르면 이러한 권력의 불균형 관계는 불안정해서 결국 다시 권력균형 관계로 수렴하게 된다. 예컨대 자원을 보유한 조직에서 자신에게 자원의존도가 높은 조직과의 관계를 정리하던지, 아니면 자원을 의존하는 조직에서 보다 다양한 자원제공자를 발굴해 조직의 자율성을 높이는 방식으로 권력의존도를 낮춘다.

일반적으로 사회복지분야에서 중앙정부는 지방정부보다 훨씬 더 많은 재정적 자원을 보유한다. 따라서 결국 지방자치단체는 사회복지서비스를 시행함에 있어서 더 많은 자원을 보유한 중앙정부의 눈치를 볼 수밖에 없다. 이처럼 지방정부가 중앙정부에 의존하는 비중이 크면 클수록 지역사회에 필요한 복지혜택 제공이라는 지방정부의 기능을 상실하게 된다. 더 나아가 지방정부가 자치적으로 정책을 시행할 수 있다고 해도 운영상 자율성이 제한되는 등 한계를 보여 지역사회복지 발전에 부정적 영향을 끼칠 수 있다. 또 사회복지기관도 서비스 제공을 위한 재원을 지나치게 정부에 의존하게 되면, 문제점이 나타나도 이에 대한 비판 없이 정부의 정책에 따라 수동적으로 프로그램을 운영할 수밖에 없다. 이처럼 자원의존 관계에 따라 권력을 불균형이 나타나면 자원제공자의 요구에 따를 수밖에 없어 조직의 고유 목적을 달성하기 어렵다. 따라서 권력의 균형을 이루기 위해서 다양한 자원 출처를 개발할 필요가 있다.

3) 자원동원이론(resource mobilization theory)

자원동원이론은 앞서 설명한 권력의존이론에 영향을 받아 등장한 이론으로, 1960년대 전 세계적으로 붐을 이룬 사회운동의 중요성과 그 효과를 파악하는 과정에서 등장하였다. 자원동원이론가들

(Edwards & McCarthy, 2004; Jenkins, 1983; McAdam, McCarthy & Zald, 1988)은 사회운동이 사회적으로 불만이 있는 사람들의 일탈적이고 무질서한 행위라고 규정하는 과거의 전통적 시각을 비판하였다. 대신에 사회운동을 사회적 약자를 대변하기 위해 필요한 자원을 동원하는 조직적 행위로 보았다. 따라서 사회활동의 성공 여부는 얼마나 조직이 전략적으로 정치적, 경제적, 인적, 물적자원을 잘 확보하는가에 달려 있다고 주장한다. 또 사회운동에서 성공하기 위해서는 조직 구성원들이 집합적인 정체성을 형성하고 조직 발전에 적극적으로 참여하고 단합할 수 있는 환경을 조성할 필요가 있음을 역설한다. 이처럼 자원동원이론은 사회운동을 통해 자신들이 원하는 방향으로 사회를 변화시키기 위해 얼마나 효율적으로 가용할 수 있는 자원을 동원하고 조직화하는지 설명해준다.

지역사회에서 사회운동은 보통 특정 집단의 주장이 정책적 의사결정 과정에 반영되지 않을 때 대중의 지지를 통해 자신들의 주장에 정당성을 얻기 위해 나타난다. 자원동원이론에 따르면 이러한 사회운동의 성공은 재원조달, 인적자원의 충원, 조직운영 구조의 효율성을 얼마나 잘 달성하는가에 달렸다. 또 성공적인 사회운동을 실현하기 위해서는 구성원들에게 사회운동에 대한 동기를 부여하는 것이 중요한데, 이때 구성원들 사이에 연대성과 응집력을 높일 수 있는 집합적 동질감을 형성하게 만들어야 한다. 이처럼 자원동원이론은 지역사회에서 사회운동을 활성화하기 위해 조직이 적극적으로 자원을 확보하는 환경을 조성할 것을 강조한다.

그리고 이 점에서 자원을 보유한 조직에 수동적으로 의존할 수밖에 없는 권력의 불균형 관계를 강조하는 권력의존이론과 차이를 보인다고 할 수 있다.

4) 사회교환이론(social exchange theory)

사회교환이론은 호만스(G. Homans)와 블라우(P. Blau)가 권력의존이론을 발전시킨 이론으로, 인간은 유 · 무형의 상호교환행위를 통해 관계가 형성 · 발전해간다고 보는 사회심리학적 이론이다. 호만스(1958)가 제시한 교환행동주의이론에서는 교환의 분석대상이 개인 간의 거래이다. 개인들은 교환관계를 통해 인간은 보상을 최대화하고 손실을 최소화하도록 행동을 수정해 가고, 상호교환을 통해 안정된 사회질서를 만들어 간다고 보았다. 이때 교환의 대상은 물질적인 재화뿐만 아니라 기쁨이나 만족감 등을 주는 가치가 있는 것이라면 무형의 재화도 포함한다. 또 교환과정에서 다른 사람에게 준 가치만큼 되돌려 받기를 기대하며, 거꾸로 받은 사람은 받은 만큼 되돌려줘야 한다는 의무감을 느끼기 때문에 균형을 이루는 방향으로 나아간다. 이러한 개인 간 교환망이 지속적으로 확대되어 가면 이를 규제하기 위한 새로운 규범이 나타나고, 그 결과 새로운 사회제도와 질서가 형성된다. 그러나 이렇게 탄생한 제도가 교환에서 나타나는 호혜성 규범을 제대로 지켜내지 못할 경우 제도는 결국 무너지고 다시 새로운 규범을 만들면서 새로운 사회질서를 확립하게 된다.

블라우(1964)의 교환구조주의이론은 호만스의 개인 간 교환관계를 거시적인 차원에서 조직 간의 교환관계까지 확대했다는 평가를 받는다. 블라우는 개인 간의 교환을 통해 결국 구성원들 간에 사회적 유대관계 또는 차별적 지위 구조를 만들어낸다고 보았다. 블라우는 도움을 받은 사람은 계속 빚을 갚아야 한다는 의무감에 사로잡히고, 도움을 준 사람은 타인으로부터 보상을 받기 때문에 계속해서 도움을 줄 유인이 발생한다고 보았다. 이 경우 교환과정에서 호혜성이 나타나면 상호 유대관계를 돈독히 하고 사회적 관계를 강화한다고 보았다. 다만 교환과정에서 경제적 교환과 달리 아이디어, 의지, 정치적 영향력 등 무형의 사회적 교환이 이루어질 경우, 혜택에 대한 보답이 감사의 마음, 존경 등 명확하게 정해진 것이 아니므로 상호 간 신뢰를 바탕으로 한 원만한 사회적 관계가 전제되어야 한다. 반면 호혜성이 담보되지 않는 불평등한 교환관계가 나타나면 자원의 소유 여부에 따라 권력 구조가 형성되어 지속될 수 있다. 그런데 이러한 권력 관계를 인정한 대가로 구성원들이 불충분한 보상을 받고 있다고 느끼거나 권력을 인정한 것 이상으로 행사하면 불만이 커지고 결국 갈등이 폭발해 불균형한 권력 구조가 깨지고 새로운 구조적 변화를 맞게 된다.

지역사회복지 현장에서는 사회교환이론에서 주장하는 것처럼 개인 간, 조직 간 상담, 기부, 재정지원, 정보교환, 정치권력 교환 등 다양한 교환이 이루어진다. 이때 교환을 통해 거래를 하는 양자는 서로 이익극대화를 추구한다. 따라서 만약 교환과정에서 한 주체가 만족하지 못한다면 교환관계의 단절이나 불균형 등 문제가 발생하게 된다. 예컨대 자선단체에 큰 금액을 매년 기부하는 기부자가 단체 내부에서 일어난 공금 횡령 등의 흉흉한 소문을 듣게 되었다고 가정해 보자. 이 기부자는 이러한 부정적 소문을 듣고서 자신이 기대하는 신뢰나 존경, 감사의 마음 등이 기대수준에 못 미친다고 생각할 수 있다. 이 경우 기부를 중단하게 되고, 그 결과 해당 기관은 재원 부족 사태를 맞을 수도 있다. 이처럼 재원을 가진 자와 재원을 구하는 자 간에 호혜성이 깨지면 주체 간 불균형한 권력관계가 나타난다. 하드캐슬 외(Hardcastle et al., 2004)는 이러한 권력 불균형이 나타날 때 이를 시정하기 위한 다음과 같은 5가지 힘의 균형전략(power-balancing strategies)을 제시하였다.

첫째로 경쟁전략에서는 자원을 보유하지 않은 A와 자원을 보유한 B의 교환과정에서 권력 불균형이 나타날 때, A는 교환에 참여하기보다는 다른 자원을 찾아 B가 A에게 행사할 수 있는 권력을 약화시킨다. 둘째로 재평가전략은 A가 B의 자원을 재평가하여 B의 권력을 약화시키는 전략이다. 사회적 가치나 이념의 변화에 따라 B의 자원에 대해 A의 관심이 하락하면 오히려 B가 지속적인 교환관계를 유지하기 위해 추가적인 유인책을 제시해야 할 수도 있다. 셋째는 호혜성 전략이다. 이는 A가 B에게 새로운 자원들을 연계하면서 상호 호혜적 성격의 교환관계임을 인식하도록 유도하는 것이다. 이 경우 B는 거꾸로 A에게 관심이 있는 자원을 얻으려고 노력하기 때문에 A의 권력이 상대적으로 강화된다. 넷째는 연합전략이다. 연합전략은 A 혼자 B와 교환관계를 이어간다면 B의

종속을 피할 수 없기 때문에 비슷한 처지에 있는 C, D를 끌어들여 힘을 합쳐 B에 대항하는 전략을 의미한다. 마지막으로 강제전략은 물리적 힘을 사용해서 B가 갖고 있는 자원을 강제로 뺏는 전략인데, 사회복지 영역에서는 결코 수용할 수 없는 전략이다.

CHAPTER 05

지역사회복지 실천모형

COMMUNITY WELFARE

chapter 05

지역사회복지 실천모형

1. 지역사회복지 실천모형 개요

지역사회복지는 지역사회에서 나타나는 문제를 해결하기 위해 사회복지전문가가 지역주민에게 서비스를 제공하는 것만 아니라 지역사회 환경을 개선하고 주민의 역량강화를 돕는 포괄적인 지원을 의미한다. 그런데 지역사회에서 나타나는 문제는 지역사회 내 문화, 현재 상황, 주민역량에 따라 다르다. 다양한 지역사회 문제가 발생할 때 지역사회의 제반 상황을 고려해 체계적이고 효율적으로 접근하기 위해서 유형화된 실천모형이 필요하다.

지역사회복지 실천모형은 사회복지사들에게 지역사회 문제를 규정하고 이에 대한 해결방안, 클라이언트에 대한 개입계획 등에 대한 가이드라인을 제공한다. 따라서 그동안 시대적 상황, 지역적 환경에 따라 가장 적합한 실천목적을 가진 다양한 지역사회복지 실천모형이 개발되었다. 대표적으로 로스먼(J. Rothman, 1967)은 세 가지 실천모형과 이후 추가적으로 혼합모형을 개발하였다. 그 외에도 테일러와 로버츠(S. Tailor & R. Roberts, 1985)의 모형, 그리고 웨일과 갬블(M. Weil & D. Gamble, 1995)의 모형, 포플(K. Popple, 1995)의 여덟 가지 모형을 대표적인 지역사회복지 실천모형으로 꼽을 수 있다.

지역사회복지 실천을 유형화는 과정에서 로스먼(1964)은 지역사회복지 실천모형의 개입 목표를 크게 과업중심 목표와 과정중심 목표로 나누었다. 과업중심 목표란 지역사회에서 발생하는 문제해결이나 지역주민의 욕구 자체에 초점을 맞추어 일정 수준의 가시적 성과를 얻고자 하는 것을 의미한다. 이 경우 사회복지사는 지역사회 문제를 해결하기 위해 구체적인 사업을 시행하고 지역사회 기능을 재정비해 지역주민의 욕구를 최대한 충족시키는데 초점을 맞춘다. 예컨대 지역사회 내 불량주택을 재정비하고, 학교 급식조례를 제정하고, 지역 빈곤층 및 노약자, 장애인에게 사회서비스를 제공하는 등 특정 문제해결을 위해 구체적 과업을 설정하고 이를 완수하는 것에 역점을 둔다. 반면 과정중심 목표는 지역주민의 자조적 참여를 독려하고 주민들이 스스로 지역사회에서 발생하는 문제를 해결할 수 있도록 역량을 강화하는 데 초점을 둔다. 과업중심 목표가 지역사회 문제 개입에 따른 단기적 성과를 중요시한다면, 과정중심 목표는 장기적으로 지역사회 개입을 위한 수단이나 과정을 발전시키는 것을 중시한다. 특히 과정중심 목표를 가진 사회복지사는 지역사회 주민 간 협동역량 강화 및 자치적 문제해결 능력 강화를 강조하고, 주민들이 지역사회의 일에 더 많은 관심을 가지고 적극적으로 참여하도록 유도한다.

2. 지역사회복지 실천모형의 유형

1) 로스먼(Rothman) 모형

로스먼(J. Rothman)은 존슨 대통령 시기에 빈곤퇴치사업의 기관 역할을 강조하면서 1967년에 사회계획모형(social planning model)을 첫 번째 모형으로 제시하였다. 이후 1995년에 사회계획 · 정책모형, 지역사회개발모형, 사회행동모형의 세 가지 지역사회복지 실천모형을 정립하였다.

로스먼의 첫 번째 모형인 지역사회 실천모형인 사회계획모형(Social Planning Model: Model B)은 지역사회 내 문제해결 방안을 마련하기 위해 전문가들이 주도하여 합리적으로 계획을 수립하고 기술적 개입과정을 기획할 것을 강조한다. 사회계획모형에서는 지역사회 구성원들이 스스로 문제를 해결할 수 있는 역량을 배양한다거나 근본적인 사회개혁 추진을 목적으로 하지 않고, 지역사회에서 요구하는 물자나 서비스를 제공함으로써 눈앞에 놓인 사회문제를 해결하는 데 초점을 맞춘다. 또 사회계획모형에서는 문제해결 과정에서 실증적 자료에 기반해 비용대비 효과 측면에서 가장 적절한 방안을 찾는 합리적 결정을 내리는 과정을 중요하게 생각한다. 따라서 문제해결 방안을 모색하는 과정에서 전문성이 없는 지역주민들을 참여시키기보다는 전문성 있는 사회복지사나 기관의 역할을 더 강조한다. 이처럼 지역사회 주민들의 문제해결 역량을 배양하거나 적극적 참여를 중요하게 생각지 않기 때문에 '아래로부터'의 접근모형이 아닌 '위로부터'의 접근모형이라는 평가를 받는다. 이 모형에서 사회복지사는 프로그램 실행자(program implementer), 자료수집 및 분석가(fact gatherer & analyst), 촉진자(expediter)로 활동한다. 정부나 지방자치단체, 지역사회복지협의체, 공동모금회 등 사회복지를 담당하는 기관을 중심으로 추진하는 사업들이 이 유형에 속한다.

두 번째로 지역사회개발모형(Locality Development Model: Model A)은 자조를 기반으로 지역사회 주민들의 역량을 키우고 지역사회의 통합을 이루고자 하는 과정중심 목표를 강조한다. 이처럼 자조를 기반으로 한 지역사회의 발전을 위해서는 지역주민들이 적극적으로 목표를 설정하고 실천 행동에 참여하도록 유도해야 한다. 이 모형에서는 지역사회에서 문제가 발생하는 이유를 지역사회 내의 상실이나 아노미현상이 나타나기 때문이거나, 지역주민들에게 민주적으로 문제를 해결할 수 있는 기회를 주지 않기 때문이라고 본다. 따라서 지역사회 변화를 위한 전략을 구상할 때 구성원 간 민주적 문제해결 절차를 수립하고 주민들의 자발적 협력을 이끌어내는 것이 중요하다. 이 모형에서는 주민 간 이해관계가 첨예한 대립관계라기보다는 상호 조정가능한 관계라고 보았으며, 아직 드러나진 않았지만 지역사회 주민들은 지역사회 실천 행동에 참여하면서 문제해결 역량을 증진시킬만한 잠재력을 가지고 있다고 본다. 따라서 주민들이 함께 모여 상호교류와 토의를 통해 타협하고 합의를 이끌어 내는 것이 중요한 전략이 된다. 이 모형에서 사회복지사는 안내자(coordinator), 조력자(enabler), 교육자(teacher of problem-solving skills and ehtical values) 역할을 하게 되며, 지역사회의 다양한 조직들이 잠재적 파트너로 간주된다. 특히 변화매개체로서 적극적으로 실천 행동에 동참할 가능성이 높은 과업지향의 소집단을 활용하고, 여러 집단이 참여함으로써 발생할 수 있는 갈등은 협상, 합의, 협력 등의 전략을 통해 완화할 수 있다. 지역사회개발모형의 대표적 예로 지역사회복지관의 지역개발사업, 자원봉사자 운동, 새마을운동 등을 꼽는다.

마지막으로 사회행동모형(social action model)은 지역사회 내 권력과 자원 배분에서 불평등이 존재하기 때문에 사회에서 소외된 계층에게 향상된 처우를 받을 수 있도록 지역사회의 기존 제도의 근본적 변화를 추구하는 모형이다. 따라서 사회적으로 억압받고 배제된 집단을 조직화해서 공정한 권력과 자원배분을 위한 제도 변화를 추구하고, 이 과정에서 항의나 시위 같은 저항을 중요한 전략으로 내세운다. 이 모형은 아래로부터의 개혁을 요구하는 상향식 접근법으로 지역사회 내 집단 간 이해관계가 충돌했을 때 합의를 통한 문제해결이 어려운 갈등 상황에 적합한 모형이다.

사회행동모형에서 사회복지사는 사회적 약자를 옹호하는 옹호자 혹은 행동가 옹호자(activist advocate), 운동가(agitator), 중개자(broker), 협상가(negotiator)의 역할을 한다. 대표적 예로는 여권신장운동, 학생운동, 노동조합운동, 환경보호운동 등을 들 수 있다.

〈표 5-1〉 **로스먼의 지역사회복지 실천모형 비교**

구분	사회계획	지역사회개발	사회행동
지역사회활동목표	과업목표	과정목표	과업 및 과정목표
지역사회문제 상황에 대한 가정	빈곤, 정신건강, 범죄문제 등 지역사회 여러 문제	지역사회의 상실, 아노미, 민주적 문제해결 능력의 결여	지역사회 특권과 위계직 권력 존재
기본 변화전략	진상파악을 위한 논리적 조치 강구	함께 모여 논의, 광범위한 주민 참여	억압자 타파를 위해 집단행동 조직
변화전술과 기법	사실조사, 분석 기술	합의, 의견교환, 토의	갈등, 대결
사회복지사 역할	전문가, 계획가, 분석가	안내자, 조력자	행동가, 운동가, 중개자
변화의 매개체	공식조직 중시	소집단 활용	대중조직, 정치과정 활용
권력구조에 대한 견해	권력집단을 실천가의 후원자, 고용주로 인식	권력자도 지역의 목적 달성을 위해 노력	권력자는 사회행동의 표적
수혜자의 범위	지역사회 전체 또는 특수계층	지역사회 전체	권력에 의해 억압받는 주민
지역사회 하위부문 이해관계 가정	이해관계가 조정가능하거나 갈등관계	공통의 이해관계/조정가능한 차이	쉽게 조정 불가능한 갈등관계
수혜집단에 대한 인식	서비스 혜택을 받는 수혜자	잠재력이 있는 시민	사회제도의 피해자
수혜집단 역할에 대한 인식	소비자 혹은 수혜자	상호작용적 문제해결 참여자	동료(같은 회원인 경우), 고용주, 사용자
임파워먼트의 활용	개인의 욕구에 맞는 정보제공	구성원 스스로 문제를 해결할 수 있는 역량	의사결정 과정에서 동등한 권력관계

출처: Rothman et al. (1996). The Interweaving of Community Intervention Approaches.

이후 로스먼(1996)은 이러한 세 가지 지역사회 실천모형은 이상적인(ideal) 분류일 뿐이라고 인정하였다. 그리고 실제 지역사회복지 실천현장에서는 세 가지 모형의 특성이 중복되는 혼합적인 형태가 나타날 수 있다고 보았다. 이에 추가로 지역개발/사회행동모형(development/action model), 사회행동/계획모형(action/planning model), 사회계획/지역개발모형(planning/development model) 등 세 가지의 혼합모형을 제시하였다. 이처럼 혼합모형을 제시함으로써 지역사회복지 실천현장의 특성을 잘 반영한 보다 세분화된 실천모형을 제시했다는 점에서 의의가 있다.

예를 들어, 지역사회 내 여성운동 조직은 지역개발과 사회행동모형의 두 가지 특성을 모두 가지고 있다. 우선 여성운동 조직은 개입과정에서 민주적인 구조와 과정을 중시한다. 구체적으로 구성원 간 개입과정에서 의견 합의, 직무순환, 모든 구성원의 의견존중 등이 바로 개입과정에서 지역개발모형과 닮은 부분이다. 아울러 여성운동 조직은 기존 사회문화를 타파하고자 하는 목적을 가진다. 특히 가부장적인 사회에서 남성들의 권력과 특권을 박멸하자는 매우 급진적 목적을 제시하기도 한다. 이런 맥락에서 여성운동 조직은 개입과정에서 지역개발 모형의 특성을 보이며, 동시에 목적상 사회행동모형의 특성도 보인다. 이러한 지역개발과 사회행동모형은 여러 집단 간에 합의가 필요하고 조직화된 힘을 통해 권력집단에게 대항할 때 적용가능한 실천모형이다.

두 번째로 사회행동과 계획모형은 소비자보호단체나 환경보호단체와 같이 자료를 수집하고 관련 제도를 면밀하게 분석해 실증적 증거를 기초로 문제의 심각성을 시민들에게 알리고 시민들의 적극적인 참여를 유도하는 조직에 적용가능한 실천모형이다. 이러한 사회행동과 계획모형 아래 사회복지전문가는 공공기관에서 일하는 계획가나 정책분석가로서 자신의 전문적 지식과 실증적 자료를 바탕으로 지역사회 내 복지계획 업무를 충실히 수행해 나가는 동시에, 주민들의 사회행동에 적극적으로 도움을 줄 수 있는 사회개혁의 의지를 겸비한 사람이다.

마시막으로 사회계획과 지역개발모형은 지역 내 자금조달, 예산안 편성, 기금배분, 서비스 배분 등의 활동을 체계적이고 합리적인 의사결정 과정을 통해 효율적으로 운영한다는 측면에서 사회계획모형의 특성을 보인다. 동시에 이러한 의사결정 과정에 주민들과 이익집단들을 적극적으로 참여시킨다는 점에서 지역개발모형의 특성도 보이는 조직에 적용되는 실천모형이다.

2) 테일러와 로버츠(Taylor & Roberts) 모형

1980년대 이후 인권문제, 여성문제, 소수자문제, 환경문제 등 다양한 신사회문제가 대두되면서, 이를 해결하기 위해 지역사회복지 실천모형이 더욱 다원화되는 양상을 보였다. 이러한 변화의 중심에 테일러와 로버츠(S. Taylor & R. Roberts)가 있다. 1985년 저서 『Theory and Practice of Community Social Work』에서 로스먼의 세 가지 모형에 프로그램 개발 및 조정모형, 지역사회연계모형을 추가해 다섯 가지의 모형을 제시하였다. 특히 이들은 후원자와 클라이언트의 의사결정 권한 정도에 따라 다섯 가지의 각기 다른 모형을 제시하고 있다.

첫 번째로 프로그램 개발 및 조정모형(program development and coordination model)에서는 사회복지전문가가 지역사회를 위해 효과성 있는 프로그램을 개발하고 효율적으로 운영해갈 것을 제안한다. 이런 맥락에서 프로그램 개발 및 조정모형은 지역사회의 문제를 파악하고 여러 가능한 문제해결 방안 중에 실증적 근거를 기초로 가용자원 내에서 가장 효율적인 방안을 모색하는 사회복지사 중심의 실천모형이라고 할 수 있다. 따라서 이 모형에서는 지역사회 내 정책결정자, 공공기관, 자원 제공자 등의 후원자를 중심으로 공식적이고 전문적인 활동이 거의 100%에 달할 정도로 주가 되고, 서비스 개발 및 조정 단계에서 클라이언트의 참여는 극히 제한적이다. 이 모형에서는 효과적인 프로그램 개발 및 프로그램의 효율적 운영이 중시되다 보니 합리성 원칙이 가장 중요시되긴 하나, 이외에도 중립성 원칙과 협력 원칙을 기반으로 다양한 전문가집단을 중재하고 이들의 참여를 유도해 전문적 지식과 기술을 통한 변화를 추구한다. 주로 공공기관이나 공공의 위탁을 받은 사회복지기관에 자주 적용되는 실천모형이다. 미국의 자선조직운동, 우리나라 공동모금회 등이 이 모형을 적용한 대표적 사례다.

두 번째로 계획모형(planning model)은 로스먼의 사회계획모형과 같이 조사를 통한 실증적 · 객관적 분석을 통해 효율적으로 프로그램을 운영하고자 하는 과업지향적 실천모형이면서, 동시에 의사결정 및 이를 조정하는 과정도 중시하는 과정지향적인 특성도 포함하고 있다. 이런 맥락에서 로스먼의 사회계획모형보다는 의사결정 과정에서 상호교류를 강조한 모형이라고 볼 수 있다. 그러나 여전히 로스먼의 사회계획모형처럼 합리성과 전문성을 강조하며, 서비스 이용자인 클라이언트의 영향력은 상대적으로 매우 작으면서 공공기관, 자원제공자와 같은 후원자의 영향력이 7/8에 이를 정도로 매우 큰 모형이다. 이 모형에서 사회복지전문가는 프로그램 기획, 시행 및 운영 · 조정역할을 담당하고, 동시에 이해관계자들 사이의 관계 조정, 계획된 내용이 잘 수행될 수 있도록 기술지원을 하고 상호협력적 관계 형성을 위해 노력하는 등 과업지향적인 역할도 함께 담당하게 된다.

세 번째로 지역사회연계모형(community liaison model)은 로스먼의 모형에는 없는 모형으로, 지역사회에서 연계활동을 중요한 역할로 인식하는 모형이다. 지역사회 문제는 독립적이고 단편적으로 발생하기보다는 다양한 이해관계 속에서 복잡한 형태로 나타난다. 이런 맥락에서 이 모형은 지역사회에서 다양한 이해관계자들과 바람직한 관계를 형성하고 이를 강화 및 조정해 나가면서 지역사회 문제를 보다 다차원적으로 접근하기 위한 모형이다. 따라서 이 모형에 따르면 클라이언트의 문제를 잘 해결하기 위해 물론 사회복지사가 서비스 전달자 역할을 충실히 수행하는 것도 중요하나, 그보다 다양한 지역사회복지조직들과의 연계방안 구축하고 주민들의 지지 활동을 확대하는 등 지역 내 구성원 간 바람직한 관계 형성을 위한 노력이 더 중요하다고 보았다. 이처럼 지역사회 구성원 간 연계를 중시하기 때문에 클라이언트와 후원자의 협력과 공동의 노력이 필요하며, 따라서 클라이언트와 후원자의 의사결정 과정에서의 영향력이 1:1 비율로 거의 같다고 본다.

네 번째로 지역사회개발모형(community development model)은 로스먼의 지역사회개발모형과 유사한 실천모형이다. 따라서 이 모형에 따를 때 사회복지사는 지역주민의 적극적 참여를 유도하고, 교육 · 훈련을 통해 주민들이 자주적으로 활동할 수 있는 역량을 길러주는 역할을 담당한다. 이 모형은 적극적인 시민참여를 중심으로 하는 실천모형으로, 후원자보다는 클라이언트의 영향력이 7/8 정도를 차지한다고 보는 클라이언트 지향적 모형이라고 볼 수 있다. 또 이 모형에서 사회복지사는 지역 구성원 중에 리더를 선발해 자체적인 리더십을 개발할 수 있도록 도와주며, 지역 특성에 맞춰 지속적인 활동을 전개할 수 있도록 조직화를 돕는다. 따라서 이 모형에 따를 때 사회복지사는 조직가의 역할보다는 조력자의 역할을 통해 주민들이 자력으로 문제해결을 할 수 있는 자조적 역량을 길러주는 데 힘쓴다.

다섯 번째로 정치적 역량강화모형(political empowerment model)은 로스먼의 사회행동모형과 유사하다. 특히 이 모형은 갈등주의 이론에 기초해 지역사회에서 다양한 이익집단 사이에 경쟁이 발생한다고 보았다. 이 경쟁에서 밀린 경우 소외집단으로 전락하게 되는데, 정치적 역량강화모형에서는 이 소외된 집단의 사회적 참여를 지지하고 도와 이들의 참여를 확대하고 정치적 권력을 강화시키려는 목적을 가진다. 지역 내 소외집단의 역량 강화를 통해 이들이 스스로 권리를 찾고 확대시켜나갈 수 있도록 지지하는 데 초점을 맞추고 있는 모형이기 때문에 문제해결을 위한 의사결정 시 클라이언트의 영향력이 100%에 가깝다. 이 모형에서 사회복지사는 소외된 계층을 계몽시키는 교육자, 이들을 사회운동에 참여하도록 독려하는 행동가 등의 역할을 담당한다.

〈표 5-2〉 **테일러와 로버츠의 지역사회복지 실천모형 비교**

구분	후원자와 클라이언트의 결정권
프로그램 개발 및 조정모형	후원자가 100% 의사결정 권한 보유
계획모형	후원자가 7/8 정도 의사결정 권한 보유
지역사회연계모형	후원자와 클라이언트가 50대 50으로 의사결정 권한 보유
지역사회개발모형	클라이언트가 7/8 정도 의사결정 권한 보유
정치적 역량강화모형	클라이언트가 100% 의사결정 권한 보유

출처: Taylor & Roberts (1985). Theory and Practice of community social work.

3) 웨일과 갬블(Weil & Gamble) 모형

1990년대 초부터 몇 년간에 걸쳐 웨일과 갬블(M. Weil & D. N. Gamble)이 지역사회복지 실천모형에 대한 광범위한 연구를 진행한 결과를 집대성해 여덟 가지 지역사회복지 실천모형을 제시하였다. 이 여덟 가지 모형은 상호배타적이지 않기 때문에 조직과 그 조직의 핵심전략이 변할 때 한 모형에서 다른 모형으로 언제든지 변화할 수 있다고 보았다. 또 여덟 가지 모형 간 개념상 구성요소와 사회복지사의 역할에 있어 일정 부분 겹치는 점도 없지는 않다. 그럼에도 여전히 실천 전략에 있어서는 모형 간 확연한 차이가 드러나기 때문에 전략 선정과 개입에 대한 평가 시 모형별로 좋은 기준을 제시해준다. 웨일과 갬블의 모형에서는 기존의 로스먼 모형과 테일러와 로버츠 모형에서는 나타나지 않은 근린지역(neighborhood)과 같은 지리적 요소와 기능적 지역사회를 조직할 때의 복잡성 등을 실천모형에 고려했다는 점에서 의미가 있다. 또 지역사회 내 사회 · 경제적 개발수준을 고려한 지역사회 실천전략을 제시한다는 점도 기존 이론과의 차별점이다. 아울러 점차 장애인운동, 여성운동, 환경운동 등 각기 다른 사회운동에서 차별화된 전략을 사용하고 있는 추세를 반영해서 로스먼의 사회행동모형을 정치 · 사회행동, 연합, 사회운동모형으로 세분화해서 제시한 것도 웨일과 갬블의 실천모형 특징 중 하나이다.

첫 번째, 웨일과 갬블이 제시한 근린지역사회조직모형(neighborhood and community organizing model)은 지리적으로 대면접촉이 이루어지는 가까운 지역사회 내 주민이 협력해서 사회적, 물리적, 경제적 환경에 긍정적인 변화를 이끌어내고 삶의 질을 향상시키기 위한 역량개발을 강조한다. 이 모형은 사회복지사는 구성원 간 상호 협력을 이끌어내고 목표설정, 문제해결, 행동전략구상 등을 발전시키는 과정에서 민주주의적 의사결정 과정을 보장하는 역할을 한다. 이 모형은 도시든 농촌이든 지역주민이 많은 인구밀도 높은 지역에 적합하고, 그 결과 지방정부와 같은 공공기관보다는 역량 있는 지역주민들이 함께 자신과 이웃의 삶에 영향을 주는 의사결정에 더욱 영향력을 행사하게 된다.

두 번째, 기능적 지역사회조직모형(functional community organizing model)은 지리적 지역사회보다 기능적 지역사회에 초점을 맞춘 모형이다. 따라서 이 모형에서 지역의 범위는 전 세계(global)까지 확장이 가능하다. 이 실천모형은 구성원들을 교육시켜 그들이 중요하게 여기는 문제에 스스로 효과적으로 대처하고 사회 변화를 이끌어낼 수 있도록 역량을 강화하는데 목표를 둔다. 이 모형에서 사회복지전문가는 특정 이슈에 대해 공통의 이해관계(of like mind)를 가진 구성원을 모으고 이를 개선하는 노력에 헌신할 수 있는 조직을 형성하는데 도움을 준다. 이때 교육(educating)과 옹호(advocating)가 가장 중요한 실천전략이다. 이렇게 구축된 기능 조직은 학교폭력이나 정신이나 행동지체 아동의 위탁보호 등 특정 분야에 정책이나 사회적 행동을 변화시켜 사회적 정의를 구현하고자 노력한다.

세 번째, 실천모형으로 지역사회 · 경제개발모형(community social and economic development model)이 있다. 이 모형은 기존 학자들이 제시한 실천모형에는 없는 모형으로, 빈민가(ghetto)와 같이 저소득계층, 소외계층, 사회적 고립계층이 모여 사는 지역에서는 사회적 · 경제적으로 더 강력하고 안정적인 제도와 자원 확보가 지역발전에 중요하다고 보았다. 따라서 이 모형에서는 지역발전을 위해 반드시 사회개발과 경제개발이 동시에 수반되어야 한다고 주장한다. 이 모형에서는 저소득층, 소외계층인 지역사회 구성원들의 의식 변화, 역량강화, 지역개발을 위한 의사결정 과정에 적극적인 참여를 이끌어 내는 것도 물론 중요하나, 그 못지않게 정부기관, 외부 개발자, 재단과 같은 자원제공자의 투자 및 지원을 유도해 저소득층 주거문제를 해결하는 것을 중요시한다. 또 지역기반 벤처기업, 협동조합, 중소기업 등을 육성해 지역 내 사회·경제적 환경을 개선하는 것도 사회복지사의 중요한 업무 중 하나이다.

네 번째, 사회계획모형(social planning model)은 전문가적 지식과 연구, 그리고 실증적 자료를 기초로 합리적 의사결정을 통해 지역사회문제를 해결하고자 하는 실천모형이다. 따라서 이 모형에서 사회복지사는 전문적 연구방법을 숙지하고 기획력까지 고루 갖춘 기술적 전문가이다. 이들은 주로 복지계획을 담당하는 선출직 공무원, 정부관료, 위원회 위원으로 객관적 연구결과를 바탕으로 경제적, 환경적, 사회적 가용자원을 활용해 지역에 적합하고 합리적인 계획을 구상하는 역할을 담당한다. 아울러 전문가들은 해당 지역에 거주하는 주민들과 소통하고 협력해서 생산적이고 합리적으로 지역 문제를 해결하고자 노력한다.

다섯 번째, 프로그램 개발과 지역사회 연계모형(program development and community liaison model)이 있다. 이 모형은 지역사회 연계 활동이 프로그램 개발에 가장 중요한 요소 중 하나라는 가정에 기초해, 욕구사정, 서비스 목표설정 등 프로그램 개발의 과정에서 클라이언트와 잠재적 클라이언트 지역 구성원들과 서로 연계해 지역의 특성을 잘 반영할 것을 제안한다. 따라서 이 모형에서 사회복지사의 주요 역할은 지역복지 실천이 아니라 기관과 주민 간 연계이다. 지역 구성원 간 연계가 중요하다 보니, 이 모형에서의 지역 범위는 다른 모형에서 제시하는 지역 범위보다 훨씬 작은 특정 계층, 특정 지역으로 한정된다.

여섯 번째, 정치 · 사회행동모형(political and social action model)은 저소득층이나 소외계층에게 부당하고 불공평한 정책이나 제도를 변화시켜 사회정의를 구현하도록 행동을 촉구하는 실천모형이다. 이 모형에서 전략은 기회를 제한하는 불평등에 저항하고 지역사회 욕구를 무시하는 정책결정자에게 직접적으로 대항할 수 있도록 주민들의 자존감을 높이고 부당한 상황을 변화시킬 수 있는 기술을 교육해서 이들의 역량을 키워주는 것이다. 특히 이 모형은 권력의 균형을 이루는 것을 목표로 삼는데, 이를 통해 과거에 의사결정 과정에서 배제되었던 사람들이 미래에는 주요 결정권자로 참여할 수 있도록 해 참여적 민주주의와 사회적 정의를 구현하고자 한다. 사회복지전문가는 이 과정에서 옹호자(advocate), 교육자(educator), 조직가(organizer), 연구자(researcher) 역할을 담당한다. 또 정치적 · 사회적 운동을 위한 풀뿌리 조직을 형성할 때 조직 기술뿐만 아니라 연구 역량, 컴퓨터 활용 역량, 홍보 미디어 활용 역량, 자금모집 기술 등 다양한 기술이 요구된다.

일곱 번째, 연합모형(coalitions model)에서는 연합을 통해 사회개혁을 위한 외부 기관에 영향력을 행사하고 조직운영의 자율성을 획득하고자 노력한다. 특히 연합을 통한 다조직적인(multi-organizational) 권력기반을 구축해 사회 프로그램 운영 방향에 영향력을 행사하고 공통된 이익을 추구하기 위해 필요한 자원을 효율적으로 끌어모을 수 있다. 정책과 자원배분 원칙 변화를 위해 주요 표적 대상을 선출공무원, 정부조직 등으로 삼는다. 이 모형에서 사회복지사는 리더나 서비스전문기관 연합의 대변인 등의 역할을 담당하며, 중재와 협상의 기술을 통해 연합 주체 간의 갈등 상황을 잘 해결할 수 있는 역량을 길러야 한다.

마지막 여덟 번째 모형인 사회운동모형(social movements model)은 지역사회복지사에게 실천전문가로서의 역할을 넘어 사회정의를 위해 권력에 맞서 싸우는 사회운동가 역할까지 할 것을 요구한다. 사회운동은 소수자와 같은 특정 계층을 위해 새로운 인식의 패러다임을 형성하고, 이들을 포용할 수 있도록 시민권을 확장하는 동시에 충분한 보호막을 제공할 때 성공할 수 있다. 따라서 이 모형에 따르면 사회복지사는 직업적 가치도 유지해야 하지만, 더불어 민주주의, 인간 존엄성, 그리고 소수자 인권을 수호하고, 빈곤층의 욕구를 충족시키며, 지속적인 발전과 인간 해방을 위한 다양한 사회운동에 참여해야 한다. 이 모형에서 사회 변화를 위해서 대중, 미디어, 법, 정책, 제도와 같은 정치적 체계를 목표로 삼는다.

4) 포플(Popple) 모형

포플(Popple, 1996)은 지역사회복지 실천현장에서의 경험을 바탕으로 보호(care)에서 행동(action)까지의 연장선상에 여덟 가지 실천모형을 제시하였다. 포플의 여덟 가지 실천모형에는 여성집단이나 소수인종집단과 같은 특수한 구체적 문제를 다룬 모형도 포함되어 있으며, 모형 간에 구분이 엄격하지 않고 겹치는 특징들을 보이는 등 상호배타적이지 않다는 특징도 나타난다.

우선 지역사회보호모형(community care model)은 노인, 장애인,

5세미만 영유아의 복지증진을 위해 사회적 연결망과 자원봉사서비스 체계의 향상을 목표로 한다. 동시에 지역사회 복지문제해결을 위해 궁극적으로 지역사회 내 자조(self-help)를 목표로 한다. 이를 위해 세 가지 개입 단계를 제시하였다. 첫째로 사회복지전문가가 자원봉사자나 저임금 도우미를 활용해 영구적으로 지역사회를 지원하고 모니터링하는 단계를 거친다. 둘째로 단기간에 걸쳐 전문가가 지원하는 단계를 거친다. 마지막으로는 전문가의 도움 없이 지역주민에 의해 지역사회보호가 이루어지게 만드는 단계에 도달한다.

두 번째로 지역사회조직모형(community organization model)은 여러 사회복지 간 상호 협력과 조정을 통해 사회서비스를 효율적 · 효과적으로 제공함으로써 서비스 중복과 자원 낭비를 막는 것을 목표로 한다. 지역사회조직 실천모형이 적용된 대표적인 사례로 자원봉사협회, 노인복지위원회처럼 유사한 서비스를 제공하는 기관들이 모여 있는 조직을 들 수 있다. 이 모형에서 사회복지사들은 서비스지향적이고, 사회복지기관들이 개발한 서비스를 관리하고 정부의 재정 보조를 유도하는 역할을 담당한다.

세 번째로 지역사회개발모형(community development model)은 지역 구성원의 삶의 질을 향상시키기 위한 기술과 자신감을 획득할 수 있도록 집단을 원조하는 것을 목표로 한다. 이 모형에서 사회복지사는 사람들이 스스로 진단한 문제를 해결할 역량을 기를 수 있도록 돕는 역할을 한다. 따라서 이 모형에서 사회복지사는 사람들이 배운 지식과 기술을 통해 자기 삶을 통제할 수 있는 힘을 기르도록 기회를 제공해 주는 사람이다. 즉, 교육을 통해 사람들에게 자조(self-help)정신을 증진시키는 것을 목표로 한다.

네 번째로 사회 · 지역계획모형(social/community planning model)에서 지역사회복지 전문가는 사회적 상황, 정책, 기관의 서비스 등을 분석하고, 목표와 우선순위를 정하고, 서비스 프로그램을 기획하고 적절한 자원을 동원하며, 서비스 프로그램을 시행하고 평가하는 일련의 역할을 담당한다. 트웰브트리스(Twelvetrees, 1991; Popple, 1996에서 재인용)는 지역사회개발모형에서 사회복지사를 지역사회의 이해관계집단과 함께 지역사회발전을 위해 노력하는 존재로, 그리고 사회계획모형에서 사회복지사를 주로 정책결정자 서비스 제공기관과 연계하고 협력해서 서비스의 질을 향상시키고 관련 정책을 변화시키는 일을 담당하는 존재로 정의한다.

다섯 번째로 지역사회교육모형(community education model)에서 사회복지사는 지역사회에서 교육정책과 실천을 통해 누구든 접근 가능한 교육서비스 제공을 담보하고 보다 평등한 지역사회를 구현하기 위한 역할을 담당한다. 다만 지역사회교육모형은 기초하는 이데올로기에 따라 약간씩 교육의 초점이 다르다(Martin, 1987, Popple, 1996에서 재인용). 예를 들어, 합의(consensus)나 보편주의(universalism) 교육관점에서는 주로 중등교육이나 지역전문대에 초점을 맞추고, 다원주의(pluralism)나 사회개혁론(reformism) 입장에서는 초등교육에 초점을 맞춘다. 그리고 갈등주의(conflict theory)나 급진주의(radicalism)에 기초를 둔 지역사회교육은 노동자의 행동, 학교를 기반으로 한 교육의 대안으로 정치교육, 혁신

교육을 강조한다. 이 중 포플은 갈등주의와 급진주의 관점에서 지역사회교육모형을 제시하는데, 그 결과 억압된 사회집단이 교육을 통해 해방과 자유를 얻는 것을 강조한다. 핍박을 받던 사람들이 교육을 통해 자신들의 역량을 강화하고 집단적 행동에 나서게 되면서 자신의 문화, 꿈, 가치, 역사를 인정받을 기회를 얻게 된다고 보았다.

여섯 번째로 지역사회행동모형(community action model)은 온정주의적(paternalistic) 지역사회복지실천에 대한 대응이자 힘없는 사람들이 자신들의 효능감을 높이기 위한 전략이다. 이처럼 지역사회행동모형은 사회적 약자계층의 갈등을 기반으로 하고 있으며, 지역사회 차원에서 권력집단과의 협상을 위해 이들이 직접적으로 행동에 나설 것을 강조한다. 이 모형에서 사회복지시는 주로 사회복지사의 고용주인 지방기관과 긴장 상태를 유지하는 역할을 한다. 이런 맥락에서 이 모형에서 사회복지사는 국가에 직 · 간접적으로 고용되어 있는 사회복지전문가보다는 오히려 운동가(campaigner) 혹은 행동가(activist)에 가깝다.

일곱 번째는 여권주의적 지역사회사업모형(feminist community work model)이다. 이 모형은 여성에게 불평등한 사회적 결정요인에 집합적으로 대항해 여성 복지를 향상시키는 데 초점을 맞추고 있다. 특히 여성들은 그동안 가부장적 사회문화 속에서 차별을 당연한 것으로 여기면서 살아왔는데, 이러한 기존 의식을 타파하기 위해 힘을 모으고 지식과 전문적 기술을 습득해 사회적 개혁을 이끌어내는 것이 핵심이다. 이 모형에서 사회복지사는 탈위계적

(non-hierarchical) 형태를 벗어던지고, 참여적 형태의 조직구조로 개편을 위해 헌신하고, 여성집단 스스로 목표를 설정할 수 있도록 도와주는 역할을 한다.

여덟 번째로 인종차별 철폐 지역사회사업모형(black and anti-racist community work model)에서는 지역사회 실천에서 인종차별에 저항하고 자신들의 권리 보호를 위해 상호협력하고 조직화하는 데 초점을 맞춘다. 따라서 이 모형에서는 소수인종이 인종주의자들에 대항해 자신들의 권익과 욕구충족을 위한 집단활동을 하도록 유도한다. 특히 교육, 주거, 건강, 고용 등의 영역에서 차별이 이루어지고 있는 현실을 변화시키기 위해 캠페인, 자조집단활동, 직접적인 행동 등 다양한 방식의 활동을 제시한다.

〈표 5-3〉 **포플의 지역사회복지 실천모형**

구분	전략	사회복지사 역할	실천사례
지역사회보호	사회적 연결망과 자원봉사 체계 증진 자조(self-help) 개념 개발	조직가(organizer), 자원봉사자(volunteer)	노인, 장애인, 아동사례 관리
지역사회조직	여러 사회복지기관 간 상호협력과 조정을 통해 중복 서비스 방지	조직가, 촉매자(catalyst), 관리자(manager)	자원봉사협회, 인종평등협회
지역사회개발	삶의 질을 향상시킬 수 있는 기술과 자신감 확보를 위해 집단을 원조 구성원의 적극적 참여를 유도	조력자(enabler), 지역사회활동가(neighborhood worker), 촉진자	지역사회단체, 인보관
사회·지역계획	사회적 상황 분석, 목표와 우선순위 결정, 서비스와 프로그램의 시행 및 평가	조력자, 촉진자	재개발지역

지역사회교육	접근 용이하고 평등한 교육체계와 지역사회를 조성	교육자(educator), 촉진자(faciliator)	빈민, 결손가정 무교육자를 위한 보상교육
지역사회행동	계층갈등론에 기초해 지역에서 직접행동 유도	행동가(activist)	복지권운동, 지역계획과 재개발사업에 대한 저항
여권주의적 지역사회사업	여성이 겪는 불평등에 집단 대응을 통해 노력 여성복지 증진	행동가, 조력자, 촉진자	여성쉼터, 여성상담센터
인종차별 철폐 및 지역사회사업	소수인종의 욕구충족을 위한 집단 조직화 및 운영	행동가, 자원봉사자	인종평등협회

출처: Popple (1996). Community Work: British Models.

CHAPTER 06

지역사회복지 실천과정

C O M M U N I T Y W E L F A R E

chapter 06

지역사회복지 실천과정

지역사회복지 실천과정이란 지역사회의 문제를 파악하고 이를 해결하기 위한 방안을 찾아 현장에 적용하고 평가하는 일련의 과정을 의미한다. 일반적으로 사회복지실천가는 주로 개인의 문제를 다룬다. 그런데 지역사회복지실천가는 개인보다 큰 집단의 문제를 해결하기 위해 노력하는 사람들이다. 이때 집단의 문제는 개인의 문제보다 더 복잡한 경우가 많으며, 사회적 · 정치적으로 이해관계가 복잡하게 얽혀 있는 경우가 많아서 해결하기 쉽지 않다. 따라서 사회복지사는 지역사회의 문제해결에 실질적인 도움을 줄 수 있도록 잘 짜인 사회복지실천과정은 어떤 것인가 대해 숙지할 필요가 있다. 그동안 던햄(Dunham, 1958), 칸(Kahn, 1969), 케트너 외(Kettner et al., 1985), 리피트 외(Lippit et al., 1958), 펄먼과 구린(Perman & Gurin, 1972) 등 여러 학자들이 다양한 지역사회복지

실천과정을 제시했으나, 이 책에서는 학자들 논의에서 공통으로 제시되고 있는 아래의 실천과정 중심으로 설명하고자 한다.

1. 지역사회사정

지역사회사정이란 지역사회실천과정의 가장 첫 번째 단계로 현재 지역상황을 파악하는 것을 의미한다. 이 단계는 지역사회에 속한 구성원의 욕구를 파악하고, 이 욕구를 해소하기 위해 지역사회에서 필요한 자원이 충분히 확보되고 있는지를 확인하는 단계이다. 지역사회사정 단계에서 수집한 정보는 향후 지역사회실천과정에서 활동목표와 정책, 프로그램 등을 기획하는데 기초 자료로 활용된다.

지역사회사정에는 크게 포괄적 사정(comprehensive assessment), 탐색사정(familiarization assessment), 문제중심사정(problem-oriented assessment), 하위체계사정(subsystem assessment)이 있다. 포괄적 사정은 사정의 범위가 지역 전체를 포괄하는 사정으로 주로 1차 자료를 생성하기 위한 사정이다. 따라서 포괄적 사정에서는 인구수, 인구밀도, 인구구성 등 인구학적 정보뿐만 아니라 교육, 의료, 종교, 경제적 정보를 종합적으로 조사한다. 또 지역사회에서 어떻게 권력구조가 형성되어 있고, 의사결정은 어떻게 이루어지는지 등에 대한 지역 체계에 대한 정보도 포함한다. 따라서 포괄적 사정은 시간과 비용이 가장 많이 소요되는 조사이다.

이러한 포괄적 사정에서는 다음과 같은 지역사회 특성들을 파악하는 것이 중요하다. 우선 지역사회에서 문화나 역사가 어떻게 발전되어 왔고, 지역주민들이 이를 어떻게 인식하고 보존하는지를 파악하는 것이 지역주민의 의식의 흐름을 파악하는 데 도움이 된다. 또 지역 환경을 파악하는 것도 중요하다. 지역에서 물리적 환경은 지역주민의 상호관계에 영향을 미치는 중요 요소이다. 예를 들어, 지역적으로는 거리가 가깝더라도 물리적으로 선로가 이 두 지역을 나누고 있다면 서로 왕래가 불편해서 인적 교류가 없을 수 있다. 또 물리적으로 인근 지역임에도 학군이 달라 주민들끼리 교류가 없는 경우나 공원이나 주민회관 등이 잘 갖춰진 동네에서 주민들 간 상호교류가 더 활발한 경우도 자주 볼 수 있다. 아울러 산업구조 환경도 지역주민의 상호교류에 영향을 미친다. 농촌 지역의 경우 일터와 주거지가 동일해서 주민들 간 상호교류가 활발하나, 상업지역이나 산업지역에서는 일터와 주거지가 분리되기 때문에 주민들 간 상호교류가 상대적으로 적다.

지역주민에 대한 정보도 반드시 파악할 필요가 있다. 우선 지역 구성원의 연령, 성별 분포, 인구규모, 인구밀도, 전입 · 전출상황 등의 인구학적 정보파악이 필수이다. 그 외에 주민의 지역사회에 대한 관심, 서비스 제공기관에 대한 인식, 행정에 대한 신뢰 등 주민인식에 대해서도 파악이 필요하다. 또 지역의 네트워크가 어떻게 형성되어 있는지 파악하는 것이 지역사회에서 서비스를 전달하고 복지를 실천하는데 중요하다. 여기에는 반상회, 주민조직, 자원봉사단체 등의 회원 수, 참여율, 운영상황 등의 조사도 포함된다.

더불어 대부분 주민이 이웃 간 협력을 중시하는 가치관을 가졌는지 프라이버시를 중시하는 가치관을 가졌는지 파악하는 것도 도움이 된다. 이는 특히 주민들과 가장 효과적인 정보의 전달 및 의사소통체계를 형성하는데 중요한 정보를 제공할 수 있다. 아울러 지역 내 의사결정체계는 어떻게 되는지, 누가 권력을 가지고 있는지 권력구조를 파악하는 것도 중요하고, 자원의 활용상황과 자원 활용에 있어 문제점을 파악하는 조사도 필요하다.

탐색사정은 기존 1차 자료를 기초로 지역사회에 대한 실무지식(working knowledge)을 습득하기 위해 개략적으로 이루어지는 사정을 의미한다. 이는 차창밖조사(windshield survey)라고도 불리는데, 지역을 돌아보면서 지역사회의 환경적 특성, 교통상태, 서비스기관의 대략적 현황을 파악하고 지역주민들에게 자신을 소개하는 등 지역사회를 개괄적으로 이해하기 위한 조사이다.

문제중심사정은 지역에서 나타나는 하나의 문제를 중심으로 하는 사정이다. 특히 문제중심사정은 탐색사정으로는 불충분하고 포괄적 사정을 하기에는 너무 비용이 많이 드는 경우 활용되는 사정방법이다. 특히 문제중심사정은 특정 욕구에만 초점을 맞추기 때문에 해당 문제를 반드시 해결해야 하는 지역에 적절한 사정방법이 될 수 있다.

하위체계사정은 전체 지역사회보다는 지역사회 내 특정부분을 중심으로 진행된다. 예컨대 종교기관이나 민간보호기관이 지역 내 아동보호활동에서 어떠한 역할을 담당하는지 알아보는 등 하위체계를 보다 심도 있게 조사하는 방식이다.

한편 지역사회사정은 크게 지역주민들이 어떤 지역 문제를 어떻게 경험하고, 이러한 문제를 어떻게 인식하고 있는지를 파악하는 욕구사정과 주민들이 문제해결 의욕은 있는지 문제해결을 위한 자원은 충분한지를 파악하는 자원사정으로 나뉜다. 따라서 지역사회에서 나타나는 문제의 성격, 필요자원과 가용자원, 지역주민과 이해관계자들의 문제해결 능력과 의지, 유관기관과 제도 존재 유무 등이 기본적으로 조사내용에 포함된다.

2. 지역사회 욕구의 파악

지역사회 욕구는 지역주민들이 인간답게 생활하는 데 요구되는 생활환경이 현재 상황과 격차가 있을 때 나타난다. 지역사회 욕구사정 단계에서 사회복지사는 무엇이 문제인지 문제를 개념화하고, 그 문제의 특성이 무엇인지, 문제와 연결된 가치관은 무엇인지를 파악하고, 그 문제에 누가 관련되어 있는지 이해관계자를 파악하는 역할을 한다. 처음에 문제를 어떻게 정의하는가에 따라 정책 수립이 달라지고, 이를 기초로 일선 현장에서 실천전략이 달라질 수밖에 없기 때문에 문제의 개념화는 그만큼 중요하다. 특히 문제 개념화 단계에서 '극한의 주택환경', '피폐한 민생'처럼 명확하지 않은 문제의 개념을 제시하면 사람마다 가치관 · 윤리관에 따라 문제를 자의적 해석을 할 가능성이 커진다. 이 경우 실천현장에서 사회복지사는 문제에 적합한 실천전략을 구상하기 어렵다. 따라서 문제 개념화 단계에서 문제를 객관적으로 판단할 수 있도록 기준을 명확히 제시해줄 필요가 있다.

또 문제의 범위가 기초단체인지, 광역인지, 전국인지에 따라 개입 주체가 달라진다. 그리고 문제와 관련된 결정적 변수들이 무엇인가에 따라서 어떤 기관이 주체가 되고 어떤 서비스를 제공할지 결정된다. 예컨대 빈곤의 주원인이 실업 때문이라면 고용 관련 기관에서 적절한 직업훈련과 직업연계서비스를 제공하는 게 적합한 전략일 것이며, 빈곤의 주원인이 저학력 때문이라면 교육 관련 기관에서 양질의 교육서비스를 제공하는 것이 적합한 전략일 것이다.

아울러 지역 문제의 특성을 파악하는 것도 중요하다. 이는 문제에 대해 어떻게 접근할 것인지, 문제를 어떻게 해결할 것인지에 도움이 된다. 예컨대 문제 상황이 얼마나 지속되고 있는지, 문제 상황이 지속될 경우 지역에 얼마나 타격을 주는지, 혹은 문제가 특정 장소에 집중적으로 발생하는지 등의 문제의 특성을 파악해 이에 적합한 해결전략 수립이 필요하다. 또 지역사회의 어떤 가치관이나 규범이 문제 상황에 연결되어 있는지 또는 얼마나 많은 주민이 그 문제 상황에 공감하고 있는지도 파악해볼 필요가 있다. 지역사회에서 효과적으로 문제를 해결하기 위해서는 지역주민들의 지지와 적극적 참여가 필요하다. 그런데 만약 지역주민 대부분이 지역의 오랜 규범이나 가치관에 기초해 특정 문제가 사실상 문제가 되지 않는다고 인식한다면 이들의 지지를 이끌어내기 어렵기 때문이다.

마지막으로 몇 퍼센트의 주민들이 문제가 발생해서 직접 혹은 간접적으로 영향을 받는지를 파악하고 문제를 해결했을 경우 나타나는 이익집단과 손해집단이 누구인지 이해관계자를 파악하는 것도 지역사회 욕구파악에서 필수이다. 대부분의 지역사회문제해결전략에는 이익을 보는 집단과 손해를 보는 집단이 존재하게 마련이다. 그런데 이를 둘러싼 대립이 첨예할 경우 한편에서는 자신의 이익을 지키고자 하고 다른 한편에서는 손해를 보지 않으려 하기 때문에 양쪽에 모두 유리한 문제해결전략 구상하기 위해서라도 반드시 이해관계자 파악은 선행되어야 한다.

그러면 지역사회 욕구파악은 어떤 방식으로 진행되는가? 지역사회복지에서 욕구사정을 위한 자료분석방법은 크게 기존자료를 기초로 하는 양적접근방법, 현지답사를 통한 방법, 질적접근방법으로 나뉜다. 기존자료를 기초로한 양적접근방법에는 대표적으로 설문조사, 프로그램 모니터링, 사회지표분석, 공간분석이 있다.

설문조사는 지역사회 사정 시 가장 많이 사용하는 조사방법 중 하나이다. 설문조사는 주로 구조화 혹은 반구조화된 설문을 활용해 지역 내 이해관계자들을 대상으로 진행하는데, 주로 수치로 된 정보를 수집하는 데 유용한 방법이다. 조사방법으로 대면조사, 전화, 우편, 전자메일, 웹서베이 등을 활용한다. 이러한 조사방식은 지역 내 조사대상자들이 상호 간 주요 의사소통방식에 따라 달라진다. 예컨대 마을회관이나 노인정에 사람들이 자주 모이는 농촌지역에서는 대면조사 방식이 적절한 방법일 것이며, 젊은 층으로 구성된 도심 오피스텔 밀집지역이라면 대면보다는 젊은 층에게 익숙한 웹서베이나 이메일을 통한 설문조사가 바람직하다.

프로그램 모니터링은 프로그램을 시행하고 있는 사회복지서비스 기관이 작성한 자료를 토대로 하는 조사방법이다. 프로그램 모니터링의 주요 목적은 프로그램의 적용 대상의 적절성을 파악하고 프로그램 효과성을 확인하는 데 있다. 따라서 프로그램 모니터링을 통해 조사자는 지역에 적절하게 서비스가 제공되고 있는지, 수급자격이 있는 모든 사람들이 혜택을 받고 있는지, 기존 서비스나 프로그램이 지역주민의 욕구충족이나 문제해결에 효과적인지 등을 파악할 수 있다.

한편 사회지표분석은 공공이나 민간기관에서 수집된 자료를 통해 지역사회의 욕구를 파악하는 분석방법이다. 예컨대 정부기관에서 공식적 · 정기적으로 발표하는 조사자료를 바탕으로 시, 군, 구, 읍, 면, 동 단위별로 나누어 소득수준, 빈곤율, 실업률, 주택보급률 등을 파악함으로써 보다 객관적으로 지역사회 욕구나 문제에 접근할 수 있다.

그리고 공간분석은 지역사회 지도 그리기나 지리정보체계분석 등을 활용한다. 지역사회 지도 그리기는 지역사회 내 시설이나 기관, 공원, 건물 등을 지도에 표시하여 개입기관뿐만 아니라 프로그램 참여자, 주민, 후원자 등 다양한 이해관계자들이 지역사회를 더욱더 잘 이해할 수 있도록 도움을 준다. 마찬가지로 지리정보체계(Geographic Information System: GIS)는 인간 생활에 필요한 지리정보를 관측 · 수집해서 컴퓨터 데이터로 변환하여 저장 관리하는 데이터를 말한다. 이 자료는 인간생활과 밀접한 관계가 있는 모든 자료를 수집하므로 매우 광범위하게 활용된다. 이처럼 공간분석을 통해 지역사회 문제와 서비스 활용을 위한 환경을 보기 쉽게 공간적으로 나타낼 수 있다.

한편 지역사회 욕구파악 시 질적조사방법도 자주 활용된다. 이러한 질적조사방법에는 대표적으로 면접법, 민속학적 참여관찰, 지역사회 포럼 및 공청회, 명목집단기법, 초점집단기법, 델파이기법 등이 있다(Rubin & Babbie, 2017).

질적조사방법 중 가장 많이 사용되는 방법이 바로 면접법이고, 이 면접법은 공식적 · 비공식적 방법으로 나뉜다. 비공식적 면접법은 주로 조사자들이 지역주민이나 이해관계자들과 특별한 계획 없이 자연스럽게 만나 이야기를 주고받는 과정에서 정보를 수집하고 지역사회 내 주요 쟁점이나 욕구를 파악하는 방식이다. 따라서 비공식적 면접법에서 조사자는 사전에 어떤 질문도 준비하지 않으며, 응답자는 실제로 인터뷰에 참여하고 있다는 사실조차 알지 못한다. 반면 공식적 면접법은 사전 계획을 통해 이루어지며, 포괄적 욕구사정을 위해 지역주민, 상인, 서비스 제공자 시민단체, 공무원 등 다양한 정보제공자를 대상으로 한다. 조사대상자 선정은 비확률표집방식으로 많이 이루어지는데, 대표적으로 판단적 표집, 눈덩이 표집, 할당표집 등이 활용된다. 설문지는 주로 개방형 질문으로 구성되긴 하나, 자료수집의 신뢰도를 높이기 위해 일반적으로 표준화된 인터뷰 방식을 활용한다.

민속적 참여관찰은 주로 조사자가 한 장소에서 대상자들과 함께 생활하면서 관찰하는 방법이다. 대상자들과 함께 일상생활을 하면서 사회적 맥락에서 이들의 생활상을 파악하고 이를 외부적 시선에 의해 편향되지 않게 분석하는 방법이다. 민속적 참여관찰에서는 조사자의 관찰과 인터뷰가 함께 사용되며, 함께 생활하면서 일상생활 속에서 조사가 이루어지다 보니 표준화된 방법론을 사용하기 어렵다. 그리고 조사자가 다양한 상황적 맥락이나 응답자의 반응에 대해 기록한 일기 또한 참여관찰에서 중요한 자료로 활용된다.

지역사회에서 가장 우선적으로 해결해야 하는 문제가 무엇인지를 파악할 때 지역 내 이해관계자가 복잡하게 얽혀 있기 때문에 공통의 의견을 모으기가 여간 어렵지 않다. 따라서 지역사회 욕구에 대한 공통의 관점을 유도하기 위해 지역사회 욕구조사 시 공청회나 지역사회포럼도 자주 활용된다. 공청회(public hearings)는 주로 공공에서 시행하는 사업이나 프로그램에 대해 의견을 청취하는 자리로, 정부 이해관계자뿐만 아니라 학자, 전문가, 공무원, 지역사회 대표 등이 참석해 자신들의 의견을 자유롭게 나누는 방식으로 진행된다. 지역사회포럼(community forum)은 지역사회 대표자들이 모여 지역 문제와 해결방안에 대해 논의하는 장으로 모든 주민에게 공개를 원칙으로 한다.

지역사회포럼을 진행할 때는 대화기법(conversational method), 명목집단기법(nominal group technique), 초점집단면접법(Focus Group Interview: FGI), 델파이기법(delphi method) 등이 자주 활용된다. 대화기법은 지역구성원 간에 문제를 파악하고, 이를 해결하기 위한 가능한 대안을 대화를 통해 함께 구상하고, 지역에서의 가용자원을 공동으로 파악하는 방법이다. 이처럼 대화기법은 대화를 통해 공동으로 지역 문제에 대해 이해도를 높이고 문제해결을 위해 구성권 간 긴밀한 협력을 유도하기 위한 목적을 가진다.

명목집단기법은 집단의사결정 과정에서 지나친 대면접촉으로 인해 발생할 수 있는 문제를 완화하고 의사결정의 객관성을 보장하기 위해 개발된 기법이다. 명목집단기법에서는 우선 개인이 주변과 상의 없이 자신만의 아이디어를 작성하고, 한 사람씩 자신의 아이디어를 발표할 수 있는 기회가 주어진다. 아이디어 발표 후 각자가 발표한 아이디어에 대한 타인들의 이해를 돕기 위해 토론을 진행하는데, 이때 상대방의 아이디어를 공격하거나 자신의 아이디어를 지나치게 옹호하는 행위는 엄격히 통제된다. 이렇게 발표된 아이디어들을 모아 비밀투표를 거쳐 선호 순위를 결정하게 되고, 순위에 대한 합의가 이루어지지 않을 때 합의가 될 때까지 계속 투표를 진행한다.

초점집단면접법은 지역사회 이해관계자 중 대표를 몇 명 선정해서 한 장소에 모여 의견을 나누는 방식으로 진행된다. 이때 초점집단면접에 참여한 사람들은 지역사회문제와 해결방안에 대해 상호 의견을 자유롭게 교환하면서 논의를 진행한다. 여기서 조사자는 진행자로서의 성격이 강하며, 반구조화된 질문으로 시작하되 참여자들의 응답에 따라 추가로 질문을 하기도 하고 응답이 없는 사람에게 참여를 유도하기도 한다.

마지막으로 델파이기법은 지역사회 욕구에 대해 전문가 간 공통된 의견을 도출하기 위해 활용하는 방법이다. 델파이기법에서는 우선 몇 명의 전문가를 선정해 개방형 설문지를 발송해서 지역사회 문제에 대한 전문가적 견해를 자유롭게 작성하도록 유도하고, 회수된 응답지에서 합의된 의견과 합의되지 않은 의견을 분류한다. 이후 특정 이슈가 합의되지 않은 이유와 함께 설문지를 재발송해서 의견을 묻는 과정을 모든 합의가 이루어질 때까지 반복적으로 진행한다.

3. 실천계획의 수립

이처럼 지역사회 사정 단계에서 지역 내 욕구나 문제를 명확하게 파악하였다면 다음 단계에서는 어떤 방식으로 개입할 것인지 구체적인 내용과 스케줄을 설정하는 과정을 거치게 된다. 지역사회복지 실천과정은 주민의 욕구를 파악해서 그 욕구를 효과적으로 해소해 주는 과정이므로 문제에 개입하는 적절한 수단을 찾는 실천계획 수립 단계가 매우 중요하다.

이러한 실천계획 수립 시 일반적으로 다음과 같은 4단계를 거친다. 첫 번째는 과제의 명료화와 실천 목표를 설정하는 단계이다. 최근 지역사회에서도 저출산 · 고령화로 인한 신사회문제가 심각해지는 등 다양한 문제와 욕구가 나타나고 있다. 그런데 이러한 다양한 문제를 해결하기에는 지역사회 자원이 턱없이 부족하다. 따라서 실천계획의 가장 첫 번째 단계에서는 우선 지역사회에서 가장 중점적으로 해결해야 할 문제가 어떤 것인지 명확히 할 필요가 있다. 이 과정에서는 특히 긴급하고 심각한 문제, 지역주민들이 스스로 해결할 수 있는 역량을 넘지 않는 문제, 이해관계가 지역 전체에 널리 퍼져 있는 문제를 우선적으로 선정하는 것이 바람직하다. 이 단계에서 사회복지실천 전문가의 역할은 해당 문제가 지역사회의 범위 내에서 발생하는 문제인지를 파악하고, 지역사회의 규범이나 가치관을 해치고 있는지를 확인하며, 문제해결을 위해 필요한 자원이나 기술은 충분히 보유하고 있는지 확인하는 것이다. 실천 목표를 명료화했다면 다음 두 번째는 어떤 방법으로 문제를 해결할 것인지 결정하는 과정을 거친다. 이 과정에서는 기존의 제도나 서비스로 어느 정도까지 문제해결이 가능한지를 확인하고, 공공과 민간에서 가용할 수 있는 자원은 얼마나 되는지 파악해야 한다. 더불어 지역 내 기관, 단체, 지역주민 등 어느 범위까지의 협력이 요구되는지도 검토한다. 이후 세 번째로 실시계획을 구체화하는 과정이 필요한데, 실시계획을 구체화하는 과정에서는 앞서 추상적이고 포괄적으로 세운 거시적 목표를 기초로 언제, 어디서, 무엇을, 어떻게, 누구의 책임하에서, 어떠한 방법으로, 얼마의 비용을 들여서, 누구와 협력하면서, 얼마나 자주 할 것인지 구체적인 실시계획을 구상한다. 그리고 구체적인 실시계획이 수립되었다면 네 번째로 실시계획대로 진행됐을 때 얼마의 목표치를 달성하게 되는지 객관적으로 평가·관리하기 위한 평가 및 모니터링에 대한 기준과 방법을 결정해야 한다.

4. 실천계획의 실시

실천계획이 수립되고 나면 업무에 착수해 계획을 실제 진행해 나가는 실시 단계로 들어간다. 실천계획 실시 단계에서 사회복지사는 우선 지역사회 문제해결 역량을 강화시키고, 지역사회 연계와 협력을 강화하는 데 힘써야 한다. 구체적인 시행 촉진활동으로는 우선 홍보활동을 들 수 있다. 공청회나 지역사회포럼 등을 거쳐 지역사회복지 실천계획이 수립되었다고 할지라도 대부분의 지역주민들은 실천계획에 대한 정보나 이해가 없는 경우가 많다. 따라서 홍보활동을 통해 지역주민들에게 지역사회복지 실천계획에 대한 이해와 인식을 확장하기 위한 노력이 필요하다. 이와 같은 홍보활동에는 신문, 잡지, 지역 소식지, 라디오, 텔레비전, 인터넷 매체와 같은 매스컴을 이용하기도 하고, 또는 반상회, 주민간담회와 같은 이웃 간 모임을 통한 직접 교류방식을 활용하기도 한다. 또 지역사회에서 발생하는 문제를 효과적으로 해결하기 위해서는 사회복지사만 노력한다고 되는 것은 아니고, 그렇다고 체계적인 교육이나 훈련을 받지 않은 주민들의 참여만으로도 불가능하다. 따라서 주민과 전문가가 협동해 실천 활동을 이행해 나가는 것이 지역사회복지 실천 현장에서 매우 중요하기 때문에 주민 참여를 촉진하는 방안을 마련하는 노력이 필요하다. 아울러 지역사회에서 발생하는 문제를 효과적으로 해결하기 위해서는 궁극적으로 지역사회 역량을 강화하는 노력이 선행되어야 하는데, 이때 지역사회 역량을 강화하기 위해서는 주민조직화를 통해 긴밀한 지역공동체를 형성하는 것이 필요하다. 따라서 주민들이 주도적이고 적극적으로 지역사회복지 실천 현장에 참여하도록 주민조직을 강화하는 노력도 필요하다. 이처럼 주민들의 적극적 참여와 긴밀한 협력을 유도하기 위해 지역사회복지사는 지역 내 연계 및 조정 활동을 활발히 전개해야 한다. 특히 지역사회복지 실천 현장에서는 지역 간 이해관계가 첨예하게 대립되는 경우가 많은데, 이때 주민들의 이해관계를 조정하는 역할도 지역사회복지사의 역할 중 하나이다.

5. 평가

마지막으로 실천계획을 구체적으로 시행에 옮기고 나서는 이를 평가하는 과정을 거치게 된다. 평가는 평가시기에 따라 형성평가(formative evaluation)와 총괄평가(summative evaluation)로 나뉜다. 형성평가란 실천계획을 형성하고 개발하는 과정이나 시행하는 과정에서 진행되는 평가를 말한다. 실천계획 수립이나 시행과정에서 발생하는 문제들을 파악하고, 이를 보완 발전시켜 실천계획을 더 나은 방향으로 개선하고 하는 목적을 가진다.

총괄평가는 실천계획 시행이 종료된 후 당초 계획에서 의도한 대로 목적을 달성했는지 확인하기 위해 실시하는 평가이다. 따라서 총괄평가에서는 실천계획을 통한 개입의 효과를 파악하는 것이 가장 핵심이며, 동시에 얼마나 효율적으로 개입효과를 얻었는

지도 확인한다. 또 평가의 목적에 따라 과정평가(process evaluation)와 결과평가(outcome evaluation)로 구분한다. 과정평가는 실천계획에 정해진 지침에 따라 실제로 실천현장에서 사업이나 프로그램이 진행되었는지를 평가하는 것이다. 과정평가는 시행과정에서 실천계획의 내용 개선을 위한 정보를 얻고자 하는 목적을 가지고 있으며, 따라서 궁극적 결과보다는 실행과정, 절차 등이 제대로 이루어지고 있는지에 초점을 둔다. 반면 결과평가는 실천계획을 시행한 결과 본래 의도한 방향으로 성과가 나타났는지를 평가하는 것이다. 따라서 결과평가에서는 지역사회 내 바람직한 변화가 나타났는지에 초점을 맞춘다.

CHAPTER 07

지역사회복지 실천에서 사회복지사의 역할과 기술

COMMUNITY WELFARE

chapter 07

지역사회복지 실천에서 사회복지사의 역할과 기술

1. 지역사회복지 실천에서 사회복지사의 역할

지역사회복지 실천과정에서 사회복지사의 역할은 앞서 살펴본 실천모형에 따라 다르게 나타난다. 본 장에서는 사회복지실천 모형에 따른 사회복지사의 역할에 대해 자세히 살펴보고자 한다. 〈표 7-1〉에서는 대표적인 지역사회복지 실천모형인 로스먼 모형을 기초로 실천 현장에서 사회복지사의 역할에 대한 학자들의 분류를 제시하고 있다.

〈표 7-1〉 **지역사회복지 실천모형에 따른 사회복지사 역할**

지역사회개발모형	사회계획모형	사회행동모형
Ross(1967)	Sanders(1969)	Grosser(1965)
안내자(guide) 조력자(enabler) 전문가(expert) 치료자(therapist)	전문가(professional) 분석가(analyst) 계획가(planner) 행정가(administrator) 조직가(organizer)	중개자(broker) 옹호자(advocate) 행동가(activist) 조력자(enabler)

1) 지역사회개발모형에서 사회복지사의 역할

(1) 안내자(guide)

지역사회에서 주민들은 지역에 존재하는 문제를 묵과하고 지나가기 쉽다. 따라서 문제해결을 위한 어떠한 대책도 고민하지 않고 넘어가는 경우가 대부분이다. 이때 지역사회복지사는 이러한 주민들이 지역사회에 발생하는 문제를 인지하고 이를 해결하기 위한 목표설정과 방안을 강구하도록 도와주는 안내자 역할을 해야 한다. 즉, 어떤 해결책을 제시해서 적극적으로 수용하도록 강요하는 역할이 아니라 주민들이 올바른 방향으로 목표를 설정하고 해결방안을 마련할 수 있도록 도와주는 역할을 담당한다. 다만 안내자라고 해서 그저 바라보고만 있는 수동적인 입장을 취해야 하는 것은 아니고, 문제해결 과정에서 주도적인 면모를 보여줄 필요도 있다. 그러면서도 안내자로서 객관적 견지를 유지해야 하며, 민주적 방식에 의해 합의된 사안에 대해서는 존중할 줄 아는 역량도 갖춰야 한다.

(2) 조력자(enabler)

조력자 역할이란 지역사회에서 나타나는 문제를 파악하고 이에 대한 해결책 마련을 위해 주민들을 조직화하고 지역사회 조직화 과정을 용이하게 하는 역할을 의미한다. 예를 들어 사회복지사가 지역주민들과 마을 문제에 대해서 이야기하다가 방치된 어린이 놀이터가 비행청소년들이 모이는 우범지대로 변해가고 있다는 것을 알고 주민들을 조직해 놀이터 개량사업을 추진하는 경우 조력자로서의 역할을 수행하고 있다고 말할 수 있다. 이처럼 조력자로서 사회복지사의 역할은 주민들이 공동목표를 달성해 나갈 수 있도록 도움을 주고, 그 과정에서 주민들의 유대관계와 협력을 이끌어 내기 위해 상호관계를 조율하는 일을 한다. 또 일부 주민들이 초기에 관심을 보이다가 점차 관심을 잃게 되기 일쑤인데, 이때 조직의 공동 사업목표를 항상 의식하도록 주민들의 관심을 주기적으로 환기시키는 일도 조력자로서 역할 중 하나이다. 그리고 조력자 역할을 촉매자(catalyst) 역할이라고도 하는데, 촉매자로서 사회복지사는 지역의 여러 집단에서 표출되는 불만을 집약해서 서로 연결시켜 주어서 불만에 대해 주민들이 소통하고 불만을 집약시키는 활동을 전개한다. 이 과정에서 불만을 개인 문제가 아닌 사회문제로 인식시켜 공동대응을 촉진하고 불만에 대해 주민들 간 논의를 유도해 문제해결의 우선순위를 결정하고, 이를 위해 조직을 결성하도록 교량적인 역할을 한다.

(3) 전문가(expert)

전문가로서의 역할은 지역주민이 조직적으로 문제해결을 해나갈 때 객관적인 조사자료를 바탕으로 기술을 전수하고 자문을 제공하는 경우를 의미한다. 전문가로서 사회복지사는 지역사회의 구조와 특성, 문제해결 대안을 추진하는 과정에서 장애 요인 등을 전문적 지식과 조사방법 기술을 활용해 면밀하게 분석해서 그 결과를 토대로 조언을 제공한다. 또 다른 지역에서 나타난 유사 문제를 검토해서 이를 해결하기 위해 진행된 조사, 연구, 사업 등을 파악하고 필요한 정보를 공유하는 역할도 담당한다. 더불어 전문가로서 사회복지사는 필요하다면 기술적인 측면에서 프로그램 운영에 대한 전문적 지식을 제공할 수 있어야 하며, 객관적 기준을 설정해 수행되는 프로그램이나 사업에 대해 평가를 수행할 수 있어야 한다.

(4) 치료자(therapist)

지역사회의 역사나 전통적 가치관, 관습은 주민들에게 바람직한 의식과 가치관을 형성해 주기도 하지만, 지역 내 집단 간 갈등을 유발해서 분열을 일으키는 요인으로 작용하기도 한다. 이 경우 치료자로서 사회복지사는 지역사회에 객관적이고 정확한 진단을 통해 긴장관계를 해소하고 주민 간 협력을 방해하는 요인을 제거하는 등 치료를 담당해야 한다. 예컨대 낙후된 도시지역을 대상으로 지역진단을 실시해서 해당 지역에 대한 주민들의 이해를 높이고, 이러한 낙후된 도시를 정비하기 위한 주민 간의 협력을 방해하는 요인을 제거하고 주민 간 긴장을 해소하는 역할이 바로 치료자로서 사회복지사가 해야 하는 역할이다.

2) 사회계획모형에서 사회복지사의 역할

(1) 분석가(analyst)

분석가로서 사회복지사는 전문적인 지식을 바탕으로 객관적으로 문제를 파악하고 과학적인 분석을 통해 실천계획을 수립하는 역할을 한다. 따라서 사회조사와 관련된 이론을 기초로 정밀한 분석방법을 사용해서 일련의 과학적 조사를 진행한다. 분석가로서 사회복지사가 실시하는 조사 및 분석에는 사회문제에 영향을 미치는 요인들에 대한 분석인 사회문제 요인분석과 문제해결을 위한 계획이 어디부터 시작되었고, 어떠한 과정을 거쳐 어떠한 결정에 이르게 되는지 계획수립 과정에 대한 분석, 사회 변화를 위해 어떤 프로그램을 어떻게 운영할 것인지에 대한 프로그램 과정 분석, 그리고 프로그램이 설정 목표를 얼마나 달성했는지를 보는 유도된 변화에 대한 평가분석이 포함된다.

(2) 계획가(planner)

계획가로서 사회복지사는 사회문제를 해결하고 지역 내 서비스를 개선하기 위해 제도를 혁신하고자 노력한다. 계획가로서 사회복지사는 다음 사항을 고려해서 지역사회계획을 세우고 주민들에게 보다 나은 서비스를 제공한다. 우선 가치중심적인 사고를 바탕으로 인간적 측면에 관심을 두고 지역 내 사회복지를 증진시킬 수 있는 목표를 설정해야 한다. 그리고 그 목표를 성취하기 위한 방법은 가장 합리적이면서 합법적인 방법이어야 하며, 이를 위해 자신의 역량이 허용하는 한 가장 적절한 자원을 활용해야 한다.

(3) 행정가(administrator)

행정가로서의 사회복지사는 프로그램이 실제로 운영될 때 기관 및 프로그램 운영을 담당하는 역할을 한다. 이 과정에서 프로그램을 통해 설정한 목표를 효과적이고 효율적으로 성취하기 위해서 모든 인적 · 물적자원을 잘 관리해야 하며, 프로그램 운영 시 상황에 따라 융통성을 발휘할 수 있도록 역량을 갖춰야 한다.

(4) 조직가(organizer)

조직가로서 사회복지사의 역할은 지역사회 실천계획을 수립하고 실천과정을 조직화하는 과정에서 다양한 이해관계자의 참여를 유도하는 것이다. 이 과정에서 주민, 단체 등이 자신들의 역할을 분명히 파악하고, 그 역할을 효과적으로 수행할 수 있도록 훈련시키는 일도 조직가의 역할 중 하나이다. 더 나아가 지역주민들의 참여의식을 고취시키고 주민 스스로 조직화할 수 있도록 사기를 진작시키는 일도 조직가로서 사회복지사의 역할에 포함된다.

3) 사회행동모형에서 사회복지사의 역할

(1) 중개자(broker)

지역주민이 필요로 하는 자원이 어디 있는지 안내하고 이에 접근할 수 있도록 도와주는 역할이 중개자 역할이다. 예컨대 중증장애아동을 양육하고 있는 부모의 스트레스를 완화해 주고자 주간보호서비스에 대한 정보를 제공하고, 부모들은 이 정보를 바탕으로 장애인 주간보호서비스를 이용하게 되었다면 중개자로서 역할을 톡톡히 한 셈이다. 다만 중개자로서 사회복지사에게는 단독으로 일선에서 일일이 서비스를 중개하는 역할보다는 지역주민에게 영향을 주는 행정과 정책의 변화를 통해 주민들이 보다 쉽게 필요한 서비스에 접근할 수 있도록 환경을 조성해 주는 역할이 더 강조된다. 따라서 지역사회모형에서 주민 스스로 자원의 소재를 파악하도록 수동적으로 조언해 주는 전문가보다는 훨씬 더 적극적인 개입이 요구된다.

(2) 옹호자(advocate)

옹호자로서 사회복지사는 필요한 정보를 수집하고 주민들의 주장에 정당성을 확보해 공공기관에 대항할 수 있는 지도력과 자원을 제공하는 역할을 수행한다. 특히 불이익 집단이나 사회적 약자의 편에 서서, 이들이 스스로 자신의 욕구를 주장하고 필요한 서비스를 제공받을 수 있는 역량이 부족할 때, 이들을 변호하고 적합한 서비스를 받을 수 있도록 연계해 주는 역할을 한다.

(3) 행동가(activist)

행동가로서의 사회복지사는 지역주민들 간 혹은 정부와 지역주민 간에 갈등이 발생할 때 중립 혹은 수동적 자세를 취하기보다, 적극적으로 주민들이 집단행동을 할 수 있도록 리더십을 발휘한다. 더 나아가 주민들의 행동에 동참하기도 하는데, 이런 맥락에서 행동가로서 사회복지사는 주민들을 클라이언트라고 간주하기보다는 지역사회의 변화를 추구하는 동지로 바라본다.

(4) 조력자(enabler)

사회행동모형에서 조력자로서 사회복지사는 주민이 스스로 객관적이고 정교한 분석을 통해 명확한 목표를 설정하고 주민조식화를 용이하게 할 수 있도록 도와주는 역할을 한다. 다만 사회행동모형에서의 조력자 역할은 지역사회개발모형에서의 조력자 역할과 다소 차이가 있다. 지역사회개발모형에서 조력자 역할은 사회복지사의 주도하에 주민조직화를 활성화하고, 주민 간 긴밀한 인간관계 형성 및 확대를 위한 촉매제 역할을 하는 등 상당히 적극적이다. 반면 사회행동모형에서의 조력자는 소극적으로 개입하고 중립적인 입장을 취하는 동시에 주민조직화 과정에서 아주 제한적으로만 조력을 제공해야 한다.

2. 지역사회복지 실천에서 사회복지사의 기술

지역사회실천모형에 따라 사회복지사의 역할이 달라지고, 사회복지사 역할이 달라지면 이에 따라 사회복지사가 활용하는 기술도 달라진다. 예를 들어 지역사회개발모형에서는 지역주민의 참여를 강조하기 때문에 주민조직화, 임파워먼트, 지역사회 교육 등의 기술이 필요하고, 사회복지사가 주도적으로 지역사회 문제를 해결하는 사회계획모형 하에서는 계획과 프로그램 기술이 요구되며, 사회행동모형에서는 옹호 기술이 중요하다. 다만 연계 기술, 자원동원 기술은 모든 모형에서 공통적으로 요구되는 기술이다.

1) 주민조직화 기술

조직화 기술은 지역사회복지 실천에서 사회복지사가 갖추어야 할 가장 주요한 기술 중 하나로써 지역사회 전체 혹은 일부 지역의 주민이 지역사회 활동에 참여하도록 유도하는 기술이다(Rubin & Rubin, 2007). 구체적으로 지역주민들이 목표를 세우고 모임을 만들어 지역사회 욕구나 문제를 해결해 나가도록 돕는 기술로, 지역주민 모두가 동등한 위치에서 지역사회 실천활동에 참여하도록 유도한다. 또 민주적 의사결정 과정에 따라 주민들이 합의에 의해 자치적으로 지역 내 문제해결을 위해 노력할 수 있도록 도움을 주는 역할을 한다. 이때 주민과 지역자원을 동원하고, 주민들 간 자치회의가 원활하게 이루어지도록 도와주며, 조직을 잘 이끌어갈 리더를 발굴하는 역량과 기술이 필요하다. 아울러 주민조직화 과정에서 가장 어려운 것이 구성원 사이의 내적갈등을 조율하는 것이다. 따라서 조직화 기술에서는 대인관계를 통제하는 기술이 특히 중요하다. 이에 사회복지사는 타인이 말하는 것을 잘 경청하고 빠르게 이해해서 주요 쟁점을 파악할 수 있는 역량을 길러야 한다. 특히 최근 지역사회에서 다문화나 여성과 관련된 쟁점들이 지역사회 문제로 많이 등장하는데, 이러한 특정 계층에 대한 문제를 논의할 때는 대화방식이나 접근방식에 보다 신중을 기해야 한다.

조직가는 이와 같은 기술을 수행하면서 다음의 네 가지 보조적인 기술을 사용한다. 우선 조직가는 주민들이 자치적으로 특정 문제를 해결하기 위한 적절한 행동을 취하도록 ① 촉매자(catalyst)로서의 기술을 활용한다. 그리고 지역 내 주민들이 스스로 문제를 해결할 수 있도록 역량을 길러주는 ② 교육가(educator)로서의 기술과 필요한 정보를 제공하고 과업을 효율적으로 달성할 수 있도록 도와주는 ③ 촉진자(facilitator)로서의 기술도 사용한다. 그리고 지역사회와 외부 세계와의 연계망을 구축하여 외부로부터 정보와 지식을 얻어 주민들과 공유하는 ④ 연결자(linker) 기술도 필요하다.

2) 임파워먼트(empowerment) 기술

임파워먼트는 현상을 타파할 수 있다는 개인의 신념을 향상시키고 집합적 목표를 달성하기 위한 집단의 능력을 향상시키는 기술을 의미한다. 개인의 임파워먼트 과정에서 가장 중요한 첫 번째 과정은 의식을 제고하는 것이다. 이 과정을 통해 개인이 자신이 겪고 있는 문제를 다른 사람들과 공유하면서 실제로는 개인의 문제가 아니라 사회적 차원의 문제임을 깨닫게 된다. 그 결과 자신의 피해의식과 무력감을 벗어버리고 집합적인 행동으로 나아가게 된다. 이후 개인은 공개적으로 자기주장을 펼치는 자기 목소리 내기 과정을 거치는데, 이 과정에서 사회복지사는 개인이 자신의 의견을 마음껏 펼칠 수 있도록 유도해야 한다. 그러고 나면 클라이언트 개인의 쟁점이 공동의제로 발전하게 되고, 점차 더 많은 사람들이 참여하면서 집단적 임파워먼트가 강화된다. 이처럼 집단적 임파워먼트를 구축하게 되면 구성원 권익 보호를 위한 집단 책임을 더욱 공고히 하고, 집단적 연대가 더욱 강해지면서 더 강력한 사회적 자본을 축적한다.

3) 지역사회교육(community education) 기술

지역사회교육은 지역주민에게 정보를 제공하고 기술을 훈련시키는 것이다. 지역사회교육을 성공적으로 수행하기 위해서 사회복지사는 우선 긴밀한 의사소통체계를 확립하고, 이를 통해 주민들에게 정보를 명확히 전달하고 이해시키는 노력이 필요하다. 또 다양한 교육프로그램을 도입해서 주민들의 능력을 개발해 주고, 주민들 간 지역사회 문제해결을 위한 의식을 고취시켜야 한다. 이 과정에서 지역주민 상호 간의 원활한 대화와 논의가 이루어질 수 있도록 도움을 주고, 지역주민들 간 연대감을 형성해서 주민통합화를 추진한다.

4) 계획과 프로그램(planning and program) 기술

계획과 프로그램 기술은 사회복지 기관이 지역사회에 필요한 재화나 서비스를 제공할 때 이를 효율적으로 운영·관리하도록 담보해 주는 기술이다. 따라서 지역사회 문제와 욕구에 대한 분석, 문제해결과 욕구충족을 위한 대안 모색, 프로그램 단계별 실행방법에 대한 분석, 프로그램 관리와 평가를 위한 분석 기술로 구성된다. 따라서 계획과 프로그램 기술은 지역사회에서 특정 문제나 욕구해결을 위한 상세하고 구체적인 실행방법을 제시하는 기술이라고 할 수 있다.

5) 옹호(advocacy) 기술

옹호는 지역사회의 클라이언트가 정당한 처우나 서비스를 받지 못할 때 이들의 권익을 위해 싸우거나, 대변하거나, 방어하거나, 때로는 표적집단에 강력한 영향력이나 압력을 행사하는 것을 말한다. 따라서 사회복지사는 옹호 기술을 활용해 클라이언트의 이익을 대변하는 대리인으로 활동하게 되며, 정당한 대우를 받지 못하는 클라이언트의 정당한 권리를 법적으로 요구한다는 차원에서 임파워먼트 활동과도 관련이 깊다. 옹호 기술을 사용할 때는 반드시 클라이언트의 상황을 고려해서 합리적인 수준에서 요구하도록 조언해야 한다. 또 가용자원이나 전략상 개별적 행동보다는 집단행동이 더 효과적이므로 단체나 조직을 형성할 것을 권하는 것이 바람직하다. 그리고 타협이나 양보를 하기보다는 적극적이고 단호한 태도를 보이는 것이 사회적 강자와 협상에서 유리하다. 다만 항상 단호한 태도로 일관하면 협상 자체가 결렬될 가능성이 크므로 유연하게 타협 가능성도 열어놓을 필요가 있다.

옹호의 구체적 전술에는 설득(persuasion), 대변(representation), 표적을 난처하게 만들기(embarrassing the target), 정치적 압력(political pressure), 청원(petition), 청문(hearings)이 있다. 우선 설득은 사회복지실천에서 자주 활용되는 것으로 목적하는 방향으로 방향을 변경하도록 하는 활동이다. 대변은 타인이나 단체의 요청을 받아 그들의 의견을 대신해서 표출하는 행위이고, 청원은 다수의 서명을 받아서 특정 기관이나 조직에게 일정한 조치를 취해줄 것을 요구하는 행위를 말한다. 표적을 난처하게 만들기는 직접적으로 요청하기가 어렵거나 요청을 해도 아무런 변화가 없을 때 상대에게 당황스러운 상황을 만들어 상대방의 태도 변화를 유도하는 기술이다. 정치적 압력은 주로 주민의 표를 의식할 수밖에 없는 선출직 공무원이나 세금으로 운영되는 공공기관을 정치적으로 압박하는 행위를 의미하며, 청문은 일부 집단이나 단체가 불이익 처분을 받은 경우 이를 바로잡기 위해 의사결정자의 특정 행위에 대해 의견을 듣고 증거를 조사하는 행위를 말한다.

6) 연계(networking) 기술

네트워크(network)란 개인 간의 접촉통로 혹은 연결망을 의미하며, 이를 통해 상호의존적인 관계가 체계적이고 장기적으로 지속된다. 지역사회복지에서 네트워크는 지역사회복지를 증진하고자 사회복지 공급자, 서비스 이용자, 관련 이해관계자들이 유기적 연계체제를 이루는 것을 의미하며, 일회적 · 단기적 관계보다는 체계적이고 지속적인 협력의 관계를 이룬다. 네트워크는 주민조직화 기술의 결과로 나타날 수 있다. 왜냐하면 주민조직화의 주요 목표 중 하나가 기존에 지역사회에 존재하는 네트워크를 발견해 내고, 이를 기초로 사회적 상호지지를 위한 공동체를 형성해 나가는 것이기 때문이다. 지역사회에서 네트워크는 개별 조직들 간의 수평적 관계를 전제로 하고, 구성원으로의 진입이나 탈퇴가 자유롭다. 또 네트워크가 한번 형성되면 강한 결속력으로 무조건 지속되는 것이 아니라 서로 이득을 주는 호혜성(reciprocity)과 신뢰적 관계가 유지되지 않으면 언제든지 깨질 수 있다.

이러한 지역구성원 간의 네트워크를 형성하고 이를 지속적으로 강화하는 행위를 연계(networking)라고 한다. 연계 기술이 뛰어난 사회복지사는 여러 조직, 단체와 연계를 통해 다양한 자원을 확보하고 동원할 수 있는 사회적 자본을 많이 축적하고 있으므로, 더 광범위하게 서비스를 제공할 수 있는 역량을 갖추게 된다. 그리고 조직 간 긴밀한 협력을 통해 이전보다 더 많은 클라이언트 풀(pool)을 확보하게 되며, 타 기관과 긴밀한 연계를 통해 서비스 제공의 중복을 막고 추가적 혹은 새로운 인프라를 구축하는 데 드는 비용이나 시간이 절약된다.

연계 기술은 연락(communication), 제휴(cooperation), 조정(coordination), 협력(collaboration), 통합(integration)의 다섯 가지 유형으로 나눠볼 수 있다. 연락은 가장 낮은 수준의 연계 기술로 단순히 정보를 교환하고 필요한 정보를 공유하는 수준의 연계 기술이다. 이는 주로 개별 조직 간 또는 조직 내 서비스 효과성을 증대시킬 목적으로 행해지는 기술이다. 제휴는 참여조직의 독자적 활동을 인정하면서 조직끼리 정보공유를 통해 각 참여조직의 이익을 극대화하고 불필요한 중복은 피하는 네트워크 기술이다. 조정은 자원을 효율적으로 활용하고 서비스 중복을 막기 위해 정기적인 모임이나 회의를 통해 네트워크 활동을 하는 기술이며, 여전히 조직의 독자적 정체성은 인정한다. 협력은 여러 조직들이 단일 프로그램이나 서비스에 참여해서 연계하는 활동을 의미한다. 협력 기술도 여전히 조직은 자신의 정체성은 유지하면서 자원을 공유하는 형태로 이루어진다. 마지막으로 통합은 조직들이 서비스 제공을 위해 하나로 통합되어 활동하는 네트워크 기술을 의미한다. 따라서 개별 조직들은 자신의 고유의 정체성을 더 이상 유지하지 않고 새로운 하나의 조직체로서의 정체성을 부여받는다.

7) 자원동원(resource mobilization) 기술

자원동원 기술은 지역사회실천 모형의 유형에 관계없이 반드시 필요한 기술 중 하나이다. 특히 문제해결 시 조직 내에서 존재하는 자원만으로 불충분할 때 외부의 인적·물적자원을 끌어오는 것이 자원동원 기술의 핵심이다. 예를 들어, 한 기관의 사회복지사가 위기가정의 화합을 위해 가족여행 프로그램을 기획하고 있는데, 기관 내 가용자원이 부족하자 자신이 참여하고 있는 수영클럽에서 홍보활동을 통해 자원봉사자와 필요한 예산을 확보했다면 이는 자원동원 기술을 잘 활용한 예라고 볼 수 있다.

자원동원은 인적자원동원과 물적자원동원으로 나뉜다. 인적자원을 동원전략은 우선 지역 내 기존 조직을 활용하는 방법이 있다. 지역 내 기존 조직을 활용할 경우 여건만 된다면 신속하게 특정 활동에 참여하도록 요청할 수 있다는 장점을 가진다. 그러나 기존 조직만으로 지역사회 문제나 욕구해결이 어렵다면 개인과 개별적 접촉을 통해 개인에게 필요한 활동에 참여를 하도록 유도하는 방법을 고민해볼 수 있다. 이런 개별적 접촉 시 자원봉사를 유도하는 우편물을 발송하거나 가정방문, 또는 공공장소에서 대화를 통해 자원봉사 참여를 유도하는 방법 등이 다양하게 활용된다. 아울러 지역사회 네트워크망을 활용하는 방법도 있다. 이 경우 직장, 혈연, 클럽 활동 등을 통해 알고 지내던 사람들의 네트워크를 활용해 인적자원을 확보할 수 있다. 한편 대부분의 사회복지서비스 제공기관이 서비스나 재화를 제공하는 데 있어 필요한 비용을 자체적으로 생산해서 조달하기는 매우 어렵다. 따라서 대부분의 경우 재원을 외부로부터 조달하게 된다. 우리나라의 경우 사회복지기관에서 제공하는 재화나 서비스를 위한 재원이 정부를 통해 조달된다. 이처럼 정부로부터 재원을 조달받아 재화나 서비스를 제공할 경우 지역사회에서 실제로 서비스를 제공하는 기관의 재량권은 거의 없다시피 하다. 이 경우 지역사회의 특성이 제대로 반영되지 못한 서비스를 제공하거나 서비스 양이 충분치 못할 경우가 자주 목격된다. 따라서 물적자원을 충분히 확보하기 위해서 지역사회복지기관들도 이제 민간기업처럼 마케팅이나 홍보활동을 통해 가능한 한 많은 물적자원을 확보하려 노력해야 한다.

CHAPTER 08

지역사회보장계획

COMMUNITY WELFARE

chapter 08

지역사회보장계획

1. 지역사회보장계획 개요

지역사회보장계획은 「사회보장급여법」에 근거한 법정 계획으로 시 · 도 및 시 · 군 · 구 단위로 사회보장 부문을 총괄해 수립하는 중 · 장기적 지역종합복지계획이다(강혜규 외, 2018). 구체적으로 다양한 지역사회 주체들이 참여해 지역주민의 복지욕구를 충족하기 위해서 지역사회 인적 · 물적자원을 활용해 달성할 수 있는 목표를 계획하고, 이를 위해 우선적으로 실시해야 하는 복지사업을 결정하기 위해 추진하는 중 · 장기적 계획을 의미한다.

2023년에 5기 지역사회보장계획을 수립하게 되는데, 그동안 4기에 걸친 지역사회보장계획을 수립 · 시행하면서 기존 중앙집권적인 사회보장 패러다임에서 벗어나 각 지역에서 지역 내 욕구 및 문제, 가용자원을 스스로 점검하고, 지역주민의 참여와 민과 관의 협력을 통해 지역에 필요한 과제를 도출하고 지역사회보장 균형적 발전을 모색하는 기회를 제공하였다고 평가받는다. 또 지역사회보장계획을 수립하는 과정에서 지방자치단체는 기간 내 추진할 사업의 청사진을 제시하고, 이를 주민 포함 지역의 모든 이해관계자와 공유함으로써 계획된 기간 동안 지역사회복지정책의 방향성과 구체적인 과제를 파악할 수 있게 되었다. 그뿐만 아니라 사회보장 분야의 재정 · 행정 계획을 지역사회 이해관계자들이 모여 함께 수립함으로써 보다 넓은 추진 기반을 마련하고, 그 결과 안정성과 신뢰성을 높이는 데 기여했다고 평가된다.

지역사회보장계획은 2001년 '지역사회복지협의체 시범사업'을 통해 최초로 지역복지계획이 등장한 이래, 여러 시범사업들을 거쳐 마침내 2003년 「사회복지사업법」이 개정되면서 2005년 8월부터 의무적으로 지자체별 지역사회복지계획 수립 및 시행이 추진되었다. 2007년 제1기 지역사회복지계획을 시작으로 2023년 제5기 계획수립을 앞두고 있다. 처음 2007년에는 "지역사회복지계획"으로 시작하였으나, 2015년 「사회보장급여의 이용 · 제공 및 수급권자 발굴에 관한 법률(사회보장급여법)」이 제정되며 "지역사회보장계획"으로 명칭을 변경해서 지금에 이르고 있다. 동법 제35조 제1항에는 시 · 도지사 및 시장 · 군수 · 구청장은 지역사회보장에 관한 계획을 4년마다 수립하고, 매년 지역사회보장계획에 따라 연차별 시행계획을 수립할 것을 명시하고 있다. 다만 「사회보장기본법」 제16조에 따라 중앙의 사회보장에 관한 기본계획과 연계되도록 하고 있다.

지역사회보장계획에서 수립 · 제시해야 하는 목표는 지역주민의 복지욕구를 충족시키기 위한 서비스 목표량이나 체계 구축을 위한 과업목표, 계획의 책정과 실천에 있어 지역주민의 사회복지에 대한 관심과 이해를 높이고 실질적으로 적극적인 주민참여를 유도하는 과정목표, 그리고 그동안 공공주도로 일관해오던 지역사회복지서비스에 대해 사회적 · 정치적 역학관계에 변화를 추구하는 관계적 목표가 있다. 이러한 다양한 목표를 가지고 지역사회보장계획은 지역사회에서 필요한 자원 배분, 서비스 공급체계의 설계, 사업의 우선순위 결정 등을 위한 의사결정을 구상하는 계획이다. 또 지역사회에서 사회복지 계획수립이 이전에는 공공기관 주도로 진행되어왔으나, 이제는 주민참여의 확대를 통해 지역사회에 종합적 복지서비스 사업 전개를 위한 민 · 관 통합적 복지시스템을 구축하겠다는 의지를 반영한 것이기도 하다. 이는 기존에 복지혜택을 받기만 하던 수혜자 자격만 부여되어왔던 지역주민에게 이제는 적극적으로 계획부터 평가 단계까지 공공과 동등한 파트너 자격을 부여한다는 의의를 갖는다.

2. 지역사회보장계획 특성

1) 구체적 실천계획

지역사회보장계획은 지방자치단체가 계획 기간 동안 시행할 지역복지사업의 우선순위와 목표를 정하는 것이므로 추상적이기보다는 분야별로 사업 우선순위, 목표하는 서비스 및 재화의 양, 사업실천전략, 인적 · 물적자원 조달계획 등을 포함한 구체적 실천계획의 특성을 가진다.

2) 연속성과 실현가능성

지역사회보장계획은 「사회보장기본법」 제16조에 따라 중앙정부의 사회보장기본계획과 연계되어야 한다. 우리나라에서는 지방자치단체가 시행하는 복지사업 대부분이 중앙정부의 위임 사무이다. 그러다 보니 지역사회에서 자체적으로 시행하는 사업과 중복되는 경우나 지역 특수성에 기초한 문제가 누락되는 경우가 왕왕 발생한다. 따라서 지역사회보장계획을 수립할 때 상위계획과 유관 개별계획을 검토해서 지역사회 차원에서 종합적으로 파악 · 관리해서 계획 간의 연속성과 통합성을 확보할 필요가 있다. 또 자치단체의 정책목표와 사업 우선순위는 자치단체장의 성격에 따라 크게 바뀔 수 있다. 따라서 지역사회보장계획의 실현가능성을 담보하기 위해서 단체장의 재임기간인 4년을 단위로 수립하게 되어 있다.

3) 종합계획

지역사회보장계획은 지역주민 전체를 위한 계획뿐만 아니라 개별적인 복지 대상에 초점을 맞춘 계획까지 포함하는 지역사회 종합계획의 성격을 가진다. 따라서 여성복지계획, 농어촌복지계획, 노인복지계획, 아동복지계획 등 다양한 집단을 위한 개별 계획도 지역사회보장계획 구상 시 포함한다.

4) 지역 특성을 반영한 고유사업 개발과 추진계획

지역마다 성격이 달라 복지적 욕구나 문제가 다를 수 있다. 그런데 중앙정부나 광역단위에서 계획되고 시행되는 사업들은 이들 지역의 고유한 특성들을 모두 반영할 수 없기 때문에 지역사회 내 주민의 특수한 욕구에 부응하지 못할 경우가 많다. 이에 지역사회보장계획에서는 중앙정부나 광역 단위 계획사업 이외에 이러한 기초지자체의 주민 욕구를 해소하는 고유사업을 개발하고 이를 실천하기 위한 계획으로 구성된다.

5) 이용자 중심의 계획

지역사회보장계획은 기존에 공공 주도의 일방적 의사결정을 통한 수립방법에서 탈피해 지역사회 모든 이해관계자가 계획과정에 참여하는 것을 원칙으로 한다. 따라서 수립 단계에서부터 서비스 이용자인 주민의 의견을 수렴하는 등 주민과 다양한 민간단체들의 참여가 지역사회보장계획 수립의 핵심이다.

6) 사회적 자본의 상호연계와 조정

지역사회보장계획은 지역주민들의 욕구를 파악해 이 욕구를 해소하기 위한 서비스를 공급하기 위한 인적·물적자원을 조달하고 배분하는 기준을 수립한다. 이 과정을 통해 각 지역의 특성, 제도 현황, 주민의 특수한 복지욕구, 지역사회 내 가용자원의 양 등을 종합적으로 파악해서 민·관 간 연계와 조정을 통해 필요한 사회적 자본을 적정하게 배분하고 조정하게 된다.

3. 지역사회보장계획 추진과정

우리나라는 지난 2007년 1기 지역사회복지계획을 처음 수립한 이래 벌써 2023년부터 2026년까지 적용되는 5기 지역사회보장계획 수립 단계까지 왔다. 5기 지역사회보장계획 수립을 앞둔 현재까지 지역사회보장계획은 명칭뿐만 아니라 법적 근거, 수립 내용까지 그간 여러 번의 변화를 거쳐왔다.

지역사회보장계획은 지방분권화가 가속화되면서 정책 실행에 있어 지방자치단체의 자율성과 책임성을 제고하기 위한 목적에서 시작되었다. 이미 2005년 중앙정부 복지사업을 대거 지방정부로 이양하면서 지방자치단체가 직접 지역에 필요한 사회복지사업을 추진할 수 있는 제도적 장치가 마련되었고, 지역사회복지협의체의 시범사업을 통해 여러 차례 지방자치단체의 종합적 복지계획 수립 역량을 점검하였다. 이후 2003년 7월 「사회복지사업법」 개정으로 지역사회복지계획 수립 및 시행의 법적 근거가 마련되고 계획 수립이 의무화되었다. 이후 2015년 「사회보장급여법」이 제정되면서 지역사회보장계획의 범주가 확대되어 명실상부 지역 단위의 종합적인 사회보장계획으로 거듭나게 되었다. 이전 지역사회복지계획에서는 사회복지 · 보건의료 중심의 복지계획을 수립해 왔다면 「사회보장급여법」 제정 이후 지역사회보장계획으로 명칭이 변경되고, 교육 · 고용 · 주거 · 문화 등을 모두 포괄해 지역사회복지계획에 반영하도록 하였다. 또 "지역사회보장계획" 범주의 확대와 더불어 기존의 지역사회복지협의체도 지역사회보장협의체로 명칭을 개정하고 업무의 범위를 확대하였다. 아울러 「사회보장급여법」에서는 지역사회보장계획에 대한 협의기구 심의, 의회보고 등의 절차를 의무화해서 계획수립에 대한 책임성과 이행성을 높이는 동시에 지역사회보장계획 내용을 기존보다 훨씬 구체화할 것을 요구하고, 시 · 도와 시 · 군 · 구 간 계획 내용에 차별화를 실시하였다. 그 결과 이전에는 없었던 지역사회보장지표의 설정, 지역사회보장의 분야별 추진전략 제시, 중점추진사업과 연계사업 설정, 사회보장급여의 사각지대 발굴 및 지원방안이 포함되었다. 그리고 시 · 도계획에는 시 · 군 · 구 계획 내용에는 없는 시 · 군 · 구 지원 목표와 전략, 사회보장급여 기반구축방안, 사회보장급여 담당인력 양성 및 전문성 제고방안도 포함하고 있다.

기수별 지역사회보장계획의 주요 내용을 살펴보면 그간 1기부터 4기에 이르기까지 민간의 역할을 강화하는 방향으로 발전해왔으며, 점차 지역사회 특성을 반영한 고유한 비전과 계획을 제시하는 방향으로 변화하고 있는 것을 확인할 수 있다.

〈표 8-1〉 **기수별 지역사회보장계획 주요 내용**

기 수	핵심 내용
1기(2007-2010)	최초의 지역사회복지계획 수립
2기(2011-2014)	지역사회복지협의체를 중심으로 지역사회복지계획을 수립 이행하는 지자체 증가
3기(2015-2018)	지역주민이 참여하는 자역보장계획의 비전과 전략 수립 2015년 사회보장급여법 시행에 따른 지역사회보장계획의 확대 및 지표 활용
4기(2019-2022)	지역 자체 사업 중심의 사회보장계획 수립 체계적인 평가체계 마련

출처: 강혜규 외 (2018). 지역사회보장계획의 이해.

2007년부터 2010년에 이르기까지 1기 지역사회복지계획은 지자체의 지역사회복지계획 수립 의무화와 사회복지사업 주체로서 지방자치단체의 책임성 강화를 주된 목적으로 하였다. 따라서 지역환경과 특성에 따른 복지 수요와 자원을 조사해서 지역만의 고유한 복지 욕구를 충족시킬 수 있는 사업을 마련하도록 하였다. 1기 지역사회복지계획은 지역사회에 기반한 복지계획이 처음 시행되었다는 것에는 의의가 있지만, 여전히 지역의 특수성이나 고유성에 대한 고려가 부족하였다. 특히 지자체는 여전히 자율성이 낮아 중앙에서 계획한 정책을 집행 대리하는 차원에 그쳤으며, 그 결과 보편적이고 획일적인 복지정책만 시행되었고 지역주민의 관심과 참여도 저조하였다.

2011년부터 2014년까지는 2기 지역사회복지계획이 수립된 시기이다. 2기 지역사회복지계획은 민간기관인 지역사회복지협의체가 계획 수립의 중심적 역할을 담당하였다. 특히 계획과 심의과정을 지역사회복지협의체가 담당함으로써 민간의 역할을 강화하였다. 또 계획수립내용을 서비스 대상자별로 구분하고 부문별 사업계획을 제시하면서 지역 역량을 고려해서 지역 주력사업과 일반사업으로 구분하여 제시하였다. 2기 지역사회복지계획의 특징은 원활한 사업 수행을 위한 자원 확보를 위해 민간자원을 적극 활용하고자 시도하려는 노력이 시작되었다는 점과 지역사회복지계획의 심의절차를 강화하여 지자체장의 보고를 필수적으로 수행하게 하였다는 점이다. 그리고 지역사회복지협의체가 지역복지계획 심의, 사회복지서비스 연계 및 조정, 지역사회자원 개발 등의 역할을 맡으면서 그 위상이 높아졌다는 것도 2기 지역사회복지계획에서 나타난 변화이다. 다만 여전히 지역사회복지계획 자체는 기존에 지자체가 실시하던 사업을 보기 좋게 영역별로 모아놓은 중앙행정 주도의 사회복지계획에 불과할 뿐 지역 특성을 충분히 반영하지 못했다는 지적이 있다.

이후 2015년부터 2018년까지 3기 지역사회보장계획이 수립·추진되었는데, 3기 지역사회복지계획에서 나타난 가장 큰 변화는 대상별 계획수립에서 핵심과제별 세부사업을 제시하는 방식으로 변경한 것이다. 따라서 복지사업을 단순히 나열하는 범주화 방식에서 벗어나 수요·공급분석을 통해 지역 문제를 진단하고 체계적으로 접근하고자 하였다. 대상자별로 실시했던 욕구조사를 지역특성이 반영된 핵심과제 선정을 위해 가구별 조사로 전환하고, 대상자별 욕구조사는 지자체 필요에 따라 별도로 실시하도록 하였다. 그리고 2015년 「사회보장급여법」 제정·시행으로 인해 지역사회복지협의체의 근거법령이 「사회복지사업법」에서 「사회보장급여법」으로 변경되었고, 기존 "지역사회복지협의체"가 "지역사회보장협의체"로 명칭이 변경되었다. 아울러 "지역사회복지계획"도 "지역사회보장계획"으로 명칭이 변경되면서 2016년도부터는 기존 지역사회복지계획을 사회복지와 보건의료분야 계획에서 고용·주거·교육·문화·환경 등 사회보장 전 분야에 대한 계획으로 확대·수정하도록 하였다. 이처럼 3기 지역사회복지계획은 복지사업의 단순나열식 범주화에서 벗어나, 지역사회를 정확히 진단해 지역사회 내 당면 문제를 보다 체계적으로 접근하였다는 점에서 의의가 있다. 다만 추진전략과 중점추진사업, 세부사업에 대해서 각 단계별 성과지표 및 목표수준을 구체적으로 제시하도록 하다 보니 그렇지 않아도 열악한 일선 현장에서 성과관리에 어려움까지 가중시켰다는 비판도 존재한다. 그리고 욕구조사 시 항목이 복잡하여 응답오류, 데이터 누락 등이 빈번히 발생해 표본의 대표성이 확보되지 않아 조사결과를 신뢰하고 일반화하기 어렵다는 문제도 지적되었다.

2019년부터 2022년까지는 4기 지역사회보장계획이 수립 · 추진된 시기이다. 4기 지역사회보장계획에서는 지방자치단체의 재량 영역을 확대하여 사회보장기본계획, 국정과제 등 중앙정부의 정책방향의 틀은 유지하되, 지역 역량과 환경을 고려해 지자체가 주도적으로 계획을 수립하도록 하였다. 3기에서 성과관리가 복잡하고 많아 어려움이 있었다는 지적을 받아들여 성과지표와 목표수준 설정을 국고보조사업은 제외하고 지자체 자체사업으로 제한해서 지자체에서 4년간 집중할 사업에 더 투자할 수 있도록 여건을 마련해 주었다. 또 지역욕구조사에서 정책적 목적이 없는 불필요한 욕구조사 항목들을 최소화하였으며, 지자체별로 정책의 필요성에 따라 조사항목을 추가할 수 있도록 자율성을 확대하였다. 이 외에도 지자체별로 이루어지던 지역사회조사를 광역시 · 도에서 총괄하여 실시할 것을 권고하여 조사비용을 절감하고 조사 과정의 체계성과 객관성을 확보해 오류를 최대한 줄이고자 노력하였다.

이제 2023년부터 2026년까지는 5기 지역사회보장계획이 수립 · 추진되는 시기이다. 4기와 달라진 5기 지역사회보장계획에서의 변화는 중장기 계획안과 함께 연단위 실천계획안을 마련해 기본계획의 이행력을 확보하고자 한다는 점이다(보건복지부 · 한국보건사회연구원, 2022). 4기 지역사회보장계획에서는 연차별 시행계획이 지역사회보장계획을 근거로 수립되기보다 별도의 계획처럼 수립되어 연계성이 부족한 한계가 발생하였기 때문에 기본계획에 근거한 연차별 계획을 수립하도록 권고하고 있다. 아울러 그동안 시 · 도와 시 · 군 · 구의 지역사회보장계획 수립 매뉴얼의 높은 유사성으로 시 · 도, 시 · 군 · 구 역할의 차별성이 부족하였다는 지적도 있었다. 이에 5기에서는 시 · 도와 시 · 군 · 구 지역 역할을 명확히하고 시 · 도, 시 · 군 · 구, 세종시의 매뉴얼을 차별화하였다.

4. 지역사회보장계획 수립 절차 및 내용

1) 지역사회보장에 관한 계획의 수립 절차(「사회보장급여법」 제35조)

① 시 · 도지사 및 시장 · 군수 · 구청장은 지역사회보장계획을 4년마다 수립하고, 매년 지역사회보장계획에 따라 연차별 시행계획을 수립하여야 한다. 이 경우 「사회보장기본법」 제16조에 따른 사회보장에 관한 기본계획과 연계되도록 하여야 한다.

② 시장 · 군수 · 구청장은 해당 시 · 군 · 구의 지역사회보장계획(연차별 시행계획을 포함한다. 이하 이 조에서 같다)을 지역주민 등 이해관계인의 의견을 들은 후 수립하고, 제41조에 따른 지역

사회보장협의체의 심의와 해당 시 · 군 · 구 의회의 보고를 거쳐 시 · 도지사에게 제출하여야 한다.

③ 시 · 도지사는 제2항에 따라 제출받은 시 · 군 · 구의 지역사회보장계획을 지원하는 내용 등을 포함한 해당 특별시 · 광역시 · 도 · 특별자치도의 지역사회보장계획을 수립하여야 한다.

④ 특별자치시장은 지역주민 등 이해관계인의 의견을 들어 지역사회보장계획을 수립하여야 한다.

⑤ 시 · 도지사는 제3항 및 제4항에 따른 지역사회보장계획을 제40조에 따른 시 · 도사회보장위원회의 심의와 해당 특별시 · 광역시 · 특별자치시 · 도 · 특별자치도 의회의 보고를 거쳐 보건복지부장관에게 제출하여야 한다. 이 경우 보건복지부장관은 제출된 계획을 사회보장위원회에 보고하여야 한다.

⑥ 시 · 도지사 또는 시장 · 군수 · 구청장은 지역사회보장계획을 수립할 때 필요하다고 인정하는 경우에는 사회보장 관련 기관 · 법인 · 단체 · 시설에 자료 또는 정보의 제공과 협력을 요청할 수 있다.

⑦ 보장기관의 장은 지역사회보장계획의 수립 및 지원 등을 위하여 지역 내 사회보장 관련 실태와 지역사회보장조사를 실시할 수 있으며, 시 · 도지사 및 시장 · 군수 · 구청장은 지역사회보장계획 수립 시 지역사회보장조사 결과를 반영할 수 있다.

⑧ 보건복지부장관 또는 시 · 도지사는 지역사회보장계획의 내

용이 대통령령으로 정하는 사유에 해당하는 경우에는 시·도지사 또는 시장·군수·구청장에게 그 조정을 권고할 수 있다. 이 경우 보건복지부장관은 관계 중앙행정기관의 장의 의견을 들을 수 있다.

⑨ 지역사회보장계획의 수립 및 지역사회보장조사의 시기·방법 등에 필요한 사항은 대통령령으로 정한다.

〈표 8-2〉 **지역사회보장계획 수립절차**

구분	시·노	시·군·구
관련법	사회보장급여법 제35조 및 대통령령	사회보장급여법 제35조 및 대통령령
기본계획	◎ 지역사회보장계획 – 계획수립 (시 · 도지사 및 특별자치시장) – 심의 (사회보장위원회) – 보고 (시 · 도지사 → 시 · 도 의회) – 제출 (시 · 도지사 → 보건복지부장관, 시행연도의 전년도 11월 30일까지)	◎ 지역사회보장계획 – 계획수립 (시 · 군 · 구청장) – 심의 (지역사회보장협의체) – 보고 (시 · 군 · 구청장 → 시 · 군 · 구 의회) – 제출 (시 · 군 · 구청장 → 시 · 도지사, 시행연도의 전년도 9월 30일까지)
시행계획	◎ 연차별 시행계획 – 계획수립 (시 · 도지사 및 특별자치시장, 시 · 군 · 구 지역사회보장계획 지원 내용 포함) – 심의 (사회보장위원회) – 보고 (시 · 도지사 → 시 · 도 의회) – 제출 (시 · 도지사 → 보건복지부장관, 시행연도의 1월 31일까지)	◎ 연차별 시행계획 – 계획수립 (시 · 군 · 구청장) – 심의 (지역사회보장협의체) – 보고 (시 · 군 · 구청장 → 시 · 군 · 구 의회) – 제출 (시 · 군 · 구청장 → 시 · 도지사, 시행연도의 전년도 11월 30일까지)

출처: 보건복지부 (2022a). 지역사회보장계획 수립 안내.

2) 지역사회보장계획의 내용(「사회보장급여법」 제36조)

① 시 · 군 · 구 지역사회보장계획은 다음 각 호의 사항을 포함하여야 한다.

1. 지역사회보장 수요의 측정, 목표 및 추진전략
2. 지역사회보장의 목표를 점검할 수 있는 지표(이하 "지역사회보장지표"라 한다)의 설정 및 목표
3. 지역사회보장의 분야별 추진전략, 중점 추진사업 및 연계 협력 방안
4. 지역사회보장 전달체계의 조직과 운영
5. 사회보장급여의 사각지대 발굴 및 지원 방안
6. 지역사회보장에 필요한 재원의 규모와 조달 방안
7. 지역사회보장에 관련한 통계 수집 및 관리 방안
8. 그 밖에 대통령령으로 정하는 사항

② 특별시 · 광역시 · 도 · 특별자치도 지역사회보장계획은 다음 각 호의 사항을 포함하여야 한다.

1. 시 · 군 · 구의 사회보장이 균형적이고 효과적으로 추진될 수 있도록 지원하기 위한 목표 및 전략
2. 지역사회보장지표의 설정 및 목표
3. 시 · 군 · 구에서 사회보장급여가 효과적으로 이용 및 제공될 수 있는 기반 구축 방안
4. 시 · 군 · 구 사회보장급여 담당 인력의 양성 및 전문성 제고 방안

5. 지역사회보장에 관한 통계자료의 수집 및 관리 방안
6. 그 밖에 지역사회보장 추진에 필요한 사항

③ 특별자치시 지역사회보장계획은 다음 각 호의 사항을 포함하여야 한다.

1. 제1항 각 호의 사항
2. 사회보장급여가 효과적으로 이용 및 제공될 수 있는 기반 구축 방안
3. 사회보장급여 담당 인력의 양성 및 전문성 제고 방안
4. 그 밖에 지역사회보장 추진에 필요한 사항

CHAPTER 09

지역사회복지운동

COMMUNITY WELFARE

chapter 09

지역사회복지운동

1. 지역사회복지운동의 의의

우리나라는 여전히 정부의 주도하에 사회복지서비스를 제공하는 방식을 지속하고 있기 때문에, 아직까지 지역주민이 자발적 참여로 지역사회 문제를 해결할 역량을 갖추지 못하고 있다. 그러나 지역별로 문제나 욕구가 다양해지고 복잡해지면서 더 이상 공공중심의 천편일률적인 대책만으로는 효과적으로 이를 해결할 수 없게 되었다. 따라서 지역사회복지가 앞으로 나아가야 할 방향은 정부의 개입을 최소화하고 민간에서 자발적으로 참여하고 자원을 마련해서 지역 내 문제나 욕구를 해결하는 전략을 세우는 것이다. 이처럼 지역주민이 스스로 복지권리의식을 함양하고 주체적으로 지역사회 문제나 욕구를 해결해 나가는 민주적 조직운동을 지역사회복지운동이라고 한다. 지방자치제가 우리사회에 정착되면서 지역사회복지운동에 대한 관심이 높아지는 추세이며, 특히 지역사회 내 사회적 약자에 대한 보호와 권리보장문제를 중심으로 지역사회복지운동이 조금씩 발전해 나가고 있다.

2. 지역사회복지운동의 특성

지역사회복지운동의 의의는 지역 내 복지문제를 해결하고 복지욕구를 충족하는 과정에서 정부의 도움만을 기다리는 수동적 복지수혜자에 머무르기보다는 오히려 주민이 주체적이고 능동적으로 참여하는 방식을 택한 점이다. 이런 맥락에서 지역사회복지운동은 다음과 같은 특성을 보인다(오정수 · 류진석, 2016).

우선 지역사회복지운동은 지역 내 주민들의 삶의 질을 향상시키기 위한 의식적이고 조직적인 활동이다. 즉, 사회복지사와 더불어 지역주민이 주체적으로 참여해 지역사회복지와 관련된 현안문제들을 해결해 나가는 의도적으로 조직된 사화운동의 성격을 지닌다. 특히 지역사회복지운동은 지역사회에서 사회복지 증진을 통해 지역사회 발전을 추구하는 시민운동의 성격을 갖는다. 따라서 지역사회복지유동도 사회운동과 같이 시민사회의 성장과 사회변화를 추구하는 경향이 나타난다. 또 지역사회복지운동은 사회적 약자에 초점을 맞추되, 지역사회에서 제한적인 계층을 중심으로 이루어지기보다는 주민 전체를 기반으로 한다. 따라서 노동자 계층의 소득 수준을 높이기 위해, 혹은 장애인의 인권 향상을 위해서 노동자나 장애인 등 일부 주민만 참여하는 시민운동이라면 이는 지역사회복지운동에 해당하지 않는다.

3. 지역사회복지운동과 주민참여

1) 주민참여의 개념

주민참여는 일반 시민이 자발적이든 의무적으로든 개인단위든 그룹단위든 지역사회에 영향을 주는 중요한 의사결정 과정에 참여해 권력을 행사하는 과정을 의미한다(Cunningham, 1972). 이러한 주민참여는 공식적인 제도에서 이루어지는 경우도 있고, 특정 계급이나 시민위원회 및 이해단체의 운동 형식으로 이루어지는 경우도 있다.

커닝햄은 주민참여가 다음 세 가지 구성요소를 포함해야 한다고 보았다. 첫째로 주민참여의 주체가 주민이어야 한다. 즉, 수가 많다는 걸 빼고는 어떤 공식적 권력도 갖고 있지 않은 지역사회 구성원이 반드시 포함되어야 한다. 둘째로 주민들이 자신의 권력을 자신들이 요구하는 로 정책이나 계획 등이 결정될 수 있도록 행사할 있어야 한다. 셋째로 결정되는 의사가 지역사회 전체에 영향을 미치는 매우 중요한 사안이어야 한다.

하디나(Hardina, 2013)는 주민참여를, 특히 지역 내 가장 의사결정권이 약한 취약계층이 자신들이 받는 서비스 등에 대한 결정 과정에 참여하는 것을 의미한다고 보았다. 하디나는 주민참여 과정을 통해 취약계층들이 자신들에게 영향을 줄 수 있는 의사결정에 참여함으로써 얻을 수 있는 이익에 초점을 맞춰 주민참여를 설명한다. 따라서 하디나의 주민참여 정의에서 일반 주민이란 경제적 · 사회적 환경 때문에 권력이 제한된 사람들을 의미한다.

2) 주민참여 유형

아르스타인(Arnstein, 1969)은 주민참여 유형을 주민의 권력배분 수준에 따라 단계별로 유형화하여 주민참여 사다리(ladder of citizen participation)를 제시하였다. 구체적으로 현재 정치적 · 경제적 의사결정에서 배제된 가진 것 없는 주민들에게 미래 의사결정 과정에서 얼마만큼의 권력을 배분하여 사회개혁을 이끌고 이익을 나눠 갖게 되는지에 따라 주민참여 유형을 다음과 같이 분류하였다.

주민참여도가 가장 낮은 단계는 조작(manipulation) 단계이다. 조작 단계에서 주민은 단순히 자문위원으로 위촉되어 정부의 의사결정 단계에 참여해 동의하는 역할만 하고, 행정기관이 일방적으로 주민을 교육하고 자신들의 정책에 대한 지지를 촉구한다. 따라서 조작 단계에서의 주민참여는 권력집단의 홍보수단으로서의 의미밖에 없다. 예를 들어 도시재생사업을 계획하면서 국토부 공무원들의 정책에 동조하는 주민들만으로 자문위원회를 꾸리는 경우 조작 단계의 주민참여라고 할 수 있다. 이 경우 행정기관은 자신들의 입맛에 맞는 대로 정책을 입안하고 자문위원회는 단순히 승인문서에 이름만 올리거나 더 나아가 해당 정책을 홍보하는 역할만 한다.

두 번째로 낮은 단계는 치료(therapy) 단계이다. 이 단계에서 사회복지사나 심리상담사는 힘없고 가난한 것을 정신질환과 동일한 것으로 간주하기 때문에 주민참여로 위장한 그룹치료(group therapy)는 오만하고 부정직한 성격을 가진다. 이 단계에서 지역계획에 주민들을 참여시키는 것은 이들을 대상으로 집단치료를 실시하는 것과 같다. 이 경우 주민참여를 통해 지역사회 내 질병을 유발하는 인종차별이나 부당한 괴롭힘과 같은 사회적 환경을 근본적으로 바꾸고자 하는 것이 아니라, 오히려 부당한 처우 대상자인 사회적 약자를 모아 치료하는 것을 목적으로 하기 때문에 진정한 주민참여라고 보기 어렵다.

이처럼 조작과 치료 단계는 주민참여의 목적이 주민을 지역계획이나 프로그램 시행과정에 참여시키는 데 있지 않고, 힘없는 주민을 일방적으로 교육하거나 치료하는 데 있으므로 실제로 주민참여라고 보기 어렵다. 따라서 아르스타인은 이 두 단계를 비참여(non-participation)라고 분류하였다.

세 번째 단계는 정보제공(informing) 단계이다. 이 단계에서는 주민들에게 뉴스매체나 팸플릿, 포스터 등을 활용해 자신의 권리, 책임 등에 대해 알려준다. 다만, 단순히 권리나 책임에 대한 정보를 일방적으로(one-way) 제공할 뿐, 이를 바탕으로 주민들의 환류(feedback) 혹은 협상(negotiation) 기회는 주어지지 않는다. 특히 정책시행 마지막 단계에서 일방적으로 통보하는 형식으로 정보를 제공하기 때문에 주민들이 자신들을 위해 계획된 프로그램에 대해 의견을 표명할 기회가 거의 없다. 예컨대 주민과의 회의 진행 시 피상적인 정보만을 제공하고 질문을 자제시키거나 질문과 관련 없는 답변을 하는 등 일방적인 소통이 나타나는 경우가 이 단계에 해당한다. 또 주민들은 전문가들이 이해하기 어려운 법률용어, 전문용어를 사용하고 회의 내내 자신들의 위엄을 드러내 보이기 때문에 겁을 먹고 단순히 정보를 받아들이고 지지하는 역할만 한다.

네 번째 단계는 상담(consultation) 단계이다. 이 단계에서는 주로 의식조사나 공청회, 주민모임 등의 방법을 통해 주민들의 행정참여를 유도한다. 그런데 여전히 이 단계에서는 주민의 우려나 견해가 반영된다는 보장이 없다. 이 단계에서 주민참여는 얼마나 많은 사람들이 회의에 참여하고 안내책자를 가져가고 설문지에 답을 하였는지 단순히 통계수치로 파악한다. 따라서 주민참여는 형식적인 의식에 불과하다. 따라서 주민참여는 단순히 참여했다는데 의미를 부여하는 형식적인 행사에 불과하다.

다섯 번째 단계는 회유(placation) 단계이다. 이 단계에서는 여전히 형식적 참여(tokenism)이긴 하나 취약계층 주민에게 어느 정도 영향력을 행사할 수 있는 권한이 주어진다. 이러한 회유 단계에서는 일부 취약계층을 지역사회 활동기관이나 교육위원회, 도시계획위원회 등 다양한 위원회 활동에 참여시킨다. 다만 여전히 위원회의 다수를 행정기관과 주류집단이 장악하고 있기 때문에 표결에서 밀릴 수밖에 없다. 따라서 행정기관 및 주류집단과 같은 생각이 아니라면 실제로 의사결정 과정에서 영향력을 행사하기는 어렵다. 위원회 활동을 하는 주민들은 자유롭게 자신의 의견을 피력할 수 있다. 그러나 이러한 의견의 합법성이나 타당성을 최종적으로 판단하는 주체는 여전히 행정기관이라는 점에서 참여가 제한적이라고 할 수 있다.

앞에서 설명한 정보제공, 상담, 회유 단계를 아르스타인은 다음과 같은 이유로 형식적 참여(tokenism) 단계로 설명한다. 이 단계들에서는 첫 번째, 두 번째 단계에서와 다르게 행정기관이 주민들의 의견을 청취하기는 한다. 그러나 주민들은 권력이 부재하기 때문에 언제든지 권력집단인 행정기관과 다른 의견을 낼 경우, 행정기관은 이를 무시한다. 따라서 주민들이 창의적인 아이디어를 내더라도 행정기관의 의지가 없다면 결코 현 상태를 벗어나기 힘들고, 결국 최종 결정권은 권력자인 행정기관에 있다.

여섯 번째 단계는 협동(partnership) 단계이다. 이 단계에서 권력은 주민과 행정기관 간의 협상을 통해 재분배될 수 있다. 행정기관과 주민은 의사결정 과정에서 교착상태에 빠질 경우 이를 원활하게 해결하기 위한 목적에서 공동위원회를 결성하고, 이를 통해 지역계획 의사결정 권한과 책임을 나눠 갖는다. 그리고 기본규칙이 정해지고 난 후 어느 한쪽이 일방적으로 이를 수정할 수 없다. 이러한 행정기관과 주민 간의 협동 관계는 지역사회 내 주민들의 조직화된 권력기반이 있는 경우, 주민단체에 재원이 충분한 경우, 그리고 기술자나 전문가 지역조직가와 같은 인적자원이 충분한 경우 가능하다. 물론 협동 단계에서 최종결정권은 행정기관에 있으나, 주민은 지역계획의 최종 의사결정 단계에서 협상(bargaining)을 통한 영향력을 행사할 수 있다.

일곱 번째 단계는 권한위임(delegated power) 단계이다. 이 단계에서는 이 단계에서는 주민들이 지역계획 수립과 집행 시 지배적인 의사결정 권한을 갖는다. 예를 들어, 정책위원회나 대표기관에 주민들이 과반수 이상의 의석을 차지하고 있어서 진정한 권력을 행사하는 경우가 대표적이다. 따라서 프로그램을 계획하고 결정할 때 주민의 의견이 우선적으로 반영되며, 행정기관은 주민에게 압력을 행사할 수 없다. 그보다는 오히려 행정기관이 협상을 통해 자신의 의견을 반영할 수 있게 된다.

마지막 여덟 번째 단계는 주민통제(citizen control) 단계이다. 이 단계는 정책을 입안하고, 의사결정과 집행, 그리고 평가까지 모두 주민 스스로 하게 된다. 또한 지역 외부 주체와 협상을 하더라도 행정기관이 아닌 주민들이 주체적으로 협상에 임한다.

여섯 번째, 일곱 번째, 여덟 번째 단계는 아르스타인의 권력배분 수준에 따르면 주민 권력(citizen power)에 해당한다. 이들 경우에는 의사결정 권한의 수준에 차이가 있긴 하나 주민이 행정기관과 협상을 할 수 있는 권한이 주어지고, 더 나아가 의사결정 기관의 다수를 차지해 결정에 지대한 영향력을 행사하거나 혹은 계획부터 평가까지 전권을 보장받기도 한다.

〈표 9-1〉 아르스타인(Arstein) 주민참여 8단계

단 계		내용	권력배분 수준
1	조작	자문위원으로 정부 의사결정에 동의하는 역할만 주어짐	비참여 (non-participation)
2	치료	지역 내 사회적 환경을 근본적으로 바꾸고자 하지 않고 부당한 처우를 받는 피해자인 주민을 치료하는 단계	
3	정보제공	단순히 권리나 책임에 대한 정보를 일방적으로 제공할 뿐, 주민들의 환류 혹은 협상 기회는 주어지지 않는 단계	형식적 참여 (tokenism)
4	상담	주민참여는 단순히 참여했다는 데 의미를 부여하는 형식적인 행사에 불과한 단계	
5	회유	최종결정권이 행정기관에 있어 여전히 형식적 참여에 그치나, 위원회 등 참여로 주민에게 어느 정도 영향력 행사 권한이 주어지는 단계	
6	협동	최종결정권은 행정기관에 있으나 주민들이 협상을 통해 영향력을 행사할 수 있는 단계	주민권력 (citizen power)
7	권한위임	주민들이 지역계획 수립과 집행 시 지배적인 의사결정 권한을 갖는 단계	
8	주민통제	정책입안, 의사결정, 집행, 평가 모두 주민 스스로 하는 단계	

출처: Arnstein (1969). A Ladder of Citizen Participation.

3) 주민참여의 효과

주민참여는 지역사회에서 나타나는 문제나 복지욕구를 해결하는 데 여러 긍정적인 효과를 기대해볼 수 있으나, 다른 한편으로는 부정적 효과도 무시할 수 없어서 지역의 특성과 환경에 맞는 주민참여 방법을 찾아내려는 노력이 필요하다. 주민참여는 지역계획 시부터 제반 정보를 지역주민들과 공유하고 주민들의 의견수렴을 기반으로 하기 때문에 주민들의 지지를 얻기 쉽고 의사결

정 과정에서 다양한 주체가 참여함으로써 보다 객관적이고 합리적인 결정을 할 수 있다는 장점이 있다. 또 주민들이 지역사회복지정책에 대한 평가와 감시자 역할을 하기 때문에 보다 공정하고 효율적인 프로그램 운영을 이끌 수 있고, 주민참여를 통해 주민 간 공동체 의식을 강화할 수 있다는 장점도 가진다.

반면 주민참여를 지나치게 강조하다 보면 공청회, 주민투표 등 의사결정 과정이 복잡해지기 때문에 비용이 증가하고, 공청회 등 참여주민이 과연 지역주민을 대표할 수 있는 사람들로 구성되었는지에 대한 의문이 제기되기도 한다. 이 과정에서 주민들 간 갈등이 커져 정책이 무산되기도 한다. 아울러 주민들은 전문성이 결여되어 있어서 주민들을 이해시키는 데 시간이 많이 소요될 수 있는 문제도 나타날 수 있다.

02 PART

지역사회복지 각론

CHAPTER 10

공공 지역사회복지 실천 추진체계

COMMUNITY WELFARE

chapter 10

공공 지역사회복지 실천 추진체계

1. 사회복지전담공무원

1) 개요

사회복지전담공무원은 사회복지사업에 관한 업무를 담당하기 위해 시 · 도, 시 · 군 · 구, 읍 · 면 · 동, 또는 사회보장사무전담기구에 배치된 사회복지 일반직 공무원이다. 사회복지전담공무원은 사회복지사 자격증을 가진 자 중에서 선발하여 행정기관에 배치해 보건복지부령으로 정하는 사회복지에 관한 전문적인 업무를 담당한다. 사회복지전담공무원 임용의 법적 근거와 업무의 범위는 「사회보장급여의 이용 · 제공 및 수급권자 발굴에 관한 법률(이하, 사회보장급여법)」 제43조에 적시되어 있다.

(1) 「사회보장급여법」 제43조

① 사회복지사업에 관한 업무를 담당하게 하기 위하여 시 · 도, 시 · 군 · 구, 읍 · 면 · 동 또는 사회보장사무전담기구에 사회복지전담공무원을 둘 수 있다.
② 사회복지전담공무원은 「사회복지사업법」 제11조에 따른 사회복지사의 자격을 가진 사람으로 하며, 그 임용 등에 필요한 사항은 대통령령으로 정한다.
③ 사회복지전담공무원은 사회보장급여에 관한 업무 중 취약계층에 대한 상담과 지도, 생활실태의 조사 등 보건복지부령으로 정하는 사회복지에 관한 전문적 업무를 담당한다.
④ 국가는 사회복지전담공무원의 보수 등에 드는 비용의 전부 또는 일부를 보조할 수 있다.
⑤ 시 · 도지사 및 시장 · 군수 · 구청장은 「지방공무원 교육훈련법」 제3조에 따라 사회복지전담공무원의 교육훈련에 필요한 시책을 수립 · 시행하여야 한다.

2) 연혁

1987년 7월에 사회복지전담요원제도가 우리나라에서 처음 시작되었으며, 사회복지사 자격증 소지한 자 중 별정직 7급으로 임용시험을 통해 선발해 읍·면·동사무소에 배치해 지역 내 공공부조 업무를 처리하도록 하였다. 이때 사회복지전문요원은 생활보호대상자(현, 기초생활보장대상자), 노인, 장애인 등 저소득 취약계층에게 전문적인 복지서비스를 제공하는 역할을 담당하였다. 이후 1992년 「사회복지사업법」을 개정하면서 사회복지전담공무원 및 복지사무전담기구 도입에 대한 법적 근거를 마련하였다. 그리고 같은 해 지방공무원 임용령 개정을 통해 행정직군 내에 사회복지 직렬을 9급에서 5급까지 설치하여 지방 공공행정복지의 전문화를 추구하였다. 이후 1995년에는 「사회복지전담공무원의 직무 및 관리운영에 관한 규정」이 개정되면서 그동안 생활보호업무만 담당하던 사회복지전담공무원의 업무 범위를 아동, 노인, 장애인, 모자가정 등을 대상으로 하는 사회복지서비스 업무까지 확대하였다. 또 1999년에는 당시 행정자치부(현, 행정안전부)의 사회복지전문요원을 별정직에서 일반직으로 전환하였고, 2000년 신규 채용자들부터는 별정직이 아닌 일반직으로 임용되면서 실질적으로 공공사회복지행정의 전문화를 위한 제도적 기틀을 마련하였다.

3) 직무

「사회보장급여법」 제43조 제3항에 따르면 사회복지전담공무원은 사회보장급여에 관한 업무 중 취약계층에 대한 상담과 지도, 생활실태의 조사 등 보건복지부령으로 정하는 사회복지에 관한 전문적 업무를 담당하게 된다. 그리고 「사회보장급여법」 시행규칙 제8조(사회복지전담공무원의 업무)에는 「사회보장급여법」 제43조 제3항에 따라 사회복지전담공무원이 담당하는 사회복지에 관한 전문적 업무는 다음과 같다고 명시하고 있다. 첫째는 취약계층 발굴 및 상담과 지도, 사회복지에 대한 욕구조사, 서비스 제공 계획의 수립, 서비스 제공 및 점검, 사후관리 등 통합사례 관리에 관한 업무이고, 둘째는 사회복지사업 수행을 위한 취약계층의 소득·재산 등 생활실태의 조사 및 가정환경 등 파악 업무이며, 셋째는 사회복지에 대한 종합적인 정보제공, 안내, 상담 업무이다.

2. 지역사회보장협의체

1) 개요

지역사회보장협의체는 지역에서 공공·민간 사회복지서비스 제공자, 주민과 시민단체, 학계 전문가 등이 참여하여 지역의 사회보장 관련 사안에 대해 논의와 협의, 추진, 검토를 수행하는 단체이다. 지역사회보장협의체는 지역주민의 대변통로의 역할을 담당하고, 민주적 의사소통 구조를 확립하고, 지역자원 공급자 간 역할을 분배하고, 수요자 중심의 통합적 서비스 제공을 통해 자원을 효율적으로 활용하며 지역주민의 능동적 욕구를 반영한 서비스를 제공하고자 설립된 민·관협력 네트워크 조직이다.

이러한 지역사회보장협의체는 지역사회 사회보장과 관련된 기관, 단체, 시설 등의 연계·협력기구로 다음과 같은 목적을 가진다(보건복지부, 2022a). 첫째로 민관협력의 구심점으로서 지역사회보장 증진을 위한 과정에 민간단체와 지역주민의 참여와 협력기반을 마련함으로써 보건·복지서비스를 통합적으로 제공하는 지역사회 보호체계를 구축하고자 하는 목적을 가진다. 둘째로 다양한 서비스제공자 간 연계망을 구축해서 지역사회 수요자의 다양하고 복합적 욕구에 대응한 서비스를 원스톱으로 제공함으로써 수요자 중심의 통합적 사회보장급여 제공을 위한 기반을 마련할 목적을 가진다. 셋째로 지역사회의 다양한 복지자원을 발굴·확충하고, 서비스제공기관 간 연계·협력을 통해 지역사회복지자원 및 지원대상자에 대한 정보 등을 공유함으로써 서비스 제공의 중복·편중·누락을 방지하고 지역 복지자원의 효율적 활용체계를 조성한다. 마지막으로 민·관 협력을 통해 사각지대 발굴 및 지원강화를 위해 읍·면·동 단위에 주민 네트워크를 조직한다.

2) 연혁

1995년부터 시작한 보건복지사무소 시범사업 종료 후 한국보건사회연구원 연구결과에서 지역사회 보건복지기능 연계를 위한 지역사회복지협의체 구성의 필요성이 대두되었다. 이후 2001년부터 2년에 걸쳐 지역사회복지협의체 시범사업을 거쳐 마침내 2003년

7월 「사회복지사업법」 제7조의2에 지역사회복지협의체 설치근거를 마련하였고, 2005년 8월부터 시행해서 현재 전국의 시 · 군 · 구에 설치 · 운영 중이다. 이후 2015년 「사회보장급여법」 제정 이후 기존 「사회복지사업법」에서 「사회보장급여법」 제41조로 설치 및 운영 근거법령이 변하면서 명칭도 "지역사회복지협의체"에서 "지역사회보장협의체"로 바뀌었다. 지역사회복지협의체였을 때보다 지역사회보장협의체로 바뀌면서 그 역할 범위가 확대되었다. 구체적으로 지역사회복지협의체였을 시기에는 관할 지역의 사회복시사업에 관한 중요 사항과 지역사회복지 계획에 대한 심의 및 건의 역할과 사회복지서비스 및 보건의료서비스의 연계 · 협력 강화 역할을 담당했다면, 지역사회보장협의체로 바뀌면서 지역사회보장계획 및 지역사회보장조사 및 지표 개발, 사회보장급여, 사회보장 추진사항 등에 대한 심의 및 자문 역할까지 담당하게 되었다. 그리고 기존 지역 내 네트워크 연계 · 협력 범위가 사회복지서비스와 보건 · 의료에 그쳤다면, 이제는 그 밖에 고용, 주거, 문화, 환경 등 전반적 사회서비스까지 그 범위를 확대하였다.

3) 운영원칙

지역사회보장협의체는 다음과 같이 여섯 가지의 일반 원칙을 바탕으로 운영된다.

(1) 지역성

지역주민 생활권역을 배경으로 조직 · 운영되는 지역사회보장협의체는 지역주민의 복지욕구, 복지자원 총량 등을 고려해야 하며, 사회보장급여가 필요한 지원대상자에 대한 현장밀착형 서비스를 제공할 수 있는 기반을 마련해 주어야 한다. 또 모든 지역에서 공통적으로 행하는 보편적인 사업과 더불어 특정 지역의 특성 · 복지환경 · 문화 등을 반영하여 지역 고유의 사업을 추진할 수 있다.

(2) 참여성

네트워크 조직을 표방하기 때문에 지역주민의 자발적 참여가 일차적인 추동력으로 작용한다. 따라서 위원 구성 시 지역주민에 대한 참여 기회를 대폭 확대하여야 한다. 아울러 지역사회 내 다양한 분야의 대표성을 가진 서비스 제공기관 · 법인 · 단체 · 시설 등의 참여와 지역주민들의 폭넓은 참여를 요구한다.

(3) 협력성

협의적 의사결정, 상생적 조직 관계, 지역사회 공동체, 사회적 자본 등을 주요 개념으로 두고, 네트워크를 바탕으로 민주적이고 합리적인 방법으로 운영해야 한다.

(4) 통합성

지역사회 내 복지자원 발굴 및 유기적인 연계와 협력을 통하여 수요자의 다양하고 복잡한 욕구에 부응하는 서비스를 통합적으로 제공해야 한다.

(5) 연대성

자체적으로 해결이 어려운 경우 지역주민 간 연대를 형성하거나 인근 지역과 연계 · 협력을 통하여 복지자원을 공유하고, 시민단체나 조직뿐만 아니라 가족과 이웃 등 지역사회에서 활동하는 주체들 간 연대가 중요하다.

(6) 예방성

지역주민의 복합적인 복지문제를 사전에 조기에 발견하여 예방할 수 있도록 노력한다.

4) 협의체 구성

시 · 군 · 구 지역사회보장협의체는 지역의 사회보장을 증진하고 사회보장과 관련된 서비스를 제공하는 관계기관 · 법인 · 단체 · 시설과 연계 · 협력을 위해 시 · 군 · 구 단위로 설치하는 민 · 관협력기구이다. 시 · 군 · 구 지역사회보장협의체는 각 주체들의 대표로 이루어진 대표협의체, 각 분야에서 일정 경력이 있는 실무자로 이루어진 실무협의체, 일선의 서비스 제공자들로 이루어진 실무분과로 구성된다. 우선 대표협의체는 시 · 군 · 구 사회보장 관련 주요 구성주체인 공공부문대표 · 민간부문대표 · 이용자부문대표 등으로 구성되며, 위원장을 포함하여 10명 이상 40명 이하의 위원으로 임명 또는 위촉한다. 위원의 임기는 2년이고, 위원장은 위원 중에 호선하며 한 차례 연임이 가능하다. 실무협의체는 「사회보장급여법」 제41조 제4항에 따라 지역사회보장협의체의 업무를 효율적으로 수행하기 위하여 둔다. 실무협의체도 위원장 1명을 포함하여 10명 이상 40명 이하로 구성한다. 실무협의체 위원은 대표협의체 위원장이 임명 또는 위촉한다. 실무협의체 위원의 임기도 2년이고, 위원장은 한 차례 연임할 수 있다. 실무분과는 지역사회 내 사회보장 관련 기관 · 법인 · 단체 · 시설 간 연계 · 협력 강화 및 실무협의체의 운영을 촉진하기 위해 둔다. 실무분과는 실무협의체 내에 별도의 구성을 원칙으로 하며, 대상별, 기능별, 지역별 분과형태에 따라 관련 지역복지에 이해관계가 있는 주민들이 실무분과 위원으로 참여해야 한다. 그리고 그 구성방식에 있어서는 대상별, 지역별, 기능별로 다양한 형태가 가능하다.

한편 민 · 관협력을 통해 복지 사각지대를 보다 적극적으로 발굴하고 통합적 복지서비스 지원체계를 마련해 국민의 복지체감도 향상을 위해 기존 민관협력체계를 보다 촘촘하게 하기 위해 「사회보장급여법」 제41조 제2항 제5호 및 시행규칙 제7조(읍 · 면 · 동 단위 지역사회보장협의체의 구성 및 운영)에서 읍 · 면 · 동 지역사회보장협의체를 구성하도록 하고 있다. 읍 · 면 · 동 협의체는 읍 · 면 · 동 별로 위원장을 포함 10명 이상으로 지역 특성에 맞게 구성 · 운영하도록 하한선을 규정하고 있다. 위원(위원장 포함)의 임기는 2년으로 연임할 수 있다. 대표협의체, 실무협의체, 실무분과, 읍 · 면 · 동 지역사회보장협의체는 상 · 하 수직적인 관계가 아니라 수평적 네트워크를 이룬다.

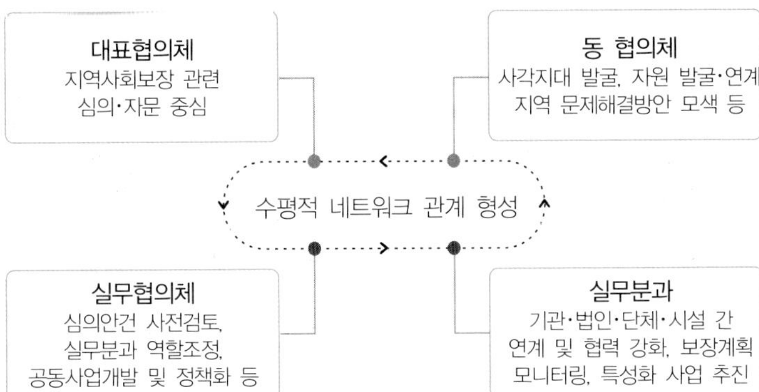

〈그림 10-1〉 **지역사회보장협의체의 구성**

출처: 보건복지부 (2022a). 2022년 지역사회보장협의체 운영안내.

5) 관련법 내용

〈표 10-1〉 **사회보장급여법 등의 지역사회보장협의체 내용**

명 칭	시·군·구 지역사회보장협의체	읍·면·동 지역사회보장협의체
근 거	사회보장급여법 제41조	사회보장급여의 이용·제공 및 수급권자 발굴에 관한 법률 시행규칙 제7조

명 칭	시·군·구 지역사회보장협의체	읍·면·동 지역사회보장협의체
목적 및 기능	• 지역의 사회보장 증진 및 사회보장과 관련된 서비스를 제공하는 관련 기관·법인·단체·시설과 연계 협력 강화 • 지역사회보장계획의 수립·시행·평가, 지역사회보장 조사 및 지역사회보장지표, 시·군·구 사회보장 급여 제공 및 사회보장 추진 등에 관한 사항 심의·자문	• 위기가구 상시 발굴 • 사각지대의 발굴 및 맞춤형 지원을 위한 지역사회 인적 안전망 구축 • 민·관 협력을 바탕으로 한 지역 사회 자원 발굴 및 연계(후원, 자원봉사, 사회공헌 등)
위원 자격요건	시장·군수·구청장이 임명 또는 위촉 • 사회보장분야 전문가 • 지역의 사회보장 활동을 수행하거나 서비스를 제공하는 기관·법인·단체·시설의 대표자 • 비영리민간단체의 추천자 • 읍·면·동 단위 지역사회보장협의체 위원장 • 사회보장에 관한 업무를 담당하는 공무원	시장·군수·구청장이 위촉 • 사회보장 제공하는 기관·법인·단체·시설 또는 공익단체의 실무자 • 사회보장에 관한 업무를 담당하는 공무원 • 비영리민간단체에서 추천한 사람 • 「지방자치법」 제4조의2 제4항에 따른 행정리의 이장 및 같은 조 제5항에 따른 행정동의 하부 조직으로 두는 통의 통장 • 주민자치위원, 자원봉사단체 구성원 • 지역의 사회보장 증진에 열의가 있는 사람
위원회 구성	위원장을 포함한 10명 이상 40명 이하의 위원	• 협의체 위원의 수는 공동위원장 2명을 포함하여 10명 이상이 되도록 구성
위원장 선출방법	위원 중에서 호선 (공무원인 위원/위촉직 공동위원장 선출)	• 협의체 위원장은 읍·면·동장(공공위원장)과 민간위원 중에서 호선한 민간 위원장이 공동으로 구성하고, 부위원장은 민간위원 중에서 호선
위원 임기	2년, 위원장은 1회 연임 가능	• 민간위원의 임기는 2년으로 연임 가능(공무원 위원은 해당 직에 재직하는 기간으로 함)

명 칭	시·군·구 지역사회보장협의체	읍·면·동 지역사회보장협의체
협의체 운영	• 협의체 업무를 효율적으로 수행하기 위한 실무협의체 구성/운영 – 위원장 1명 포함 10명 이상 40명 이하의 위원으로 구성 – 위원장은 위원 중에서 호선, 위원은 협의체 위원장이 임명/위촉 • 보장기관 장의 인력 및 운영비 등 재정 지원 가능 • 읍·면·동 단위 지역사회보장협의체 구성/운영 – (기능) 관할 지역의 사회보장대상자 발굴, 지역사회보장 자원 발굴 및 연계, 지역사회보호체계 구축·운영 등 – (위원회 구성) 읍·면·동장과 읍·면·동장의 추천을 받아 시·군·구청장이 임명 또는 위촉(읍·면·동별 10명 이상),읍·면·동장과 민간위원(호선)으로 공동위원장 체제 운영 – (위원임기) 2년, 연임 가능	• 복지사각지대 발굴, 자원 연계가 이루어질 수 있도록 소단위 분과 및 운영위원 등 운영 가능

출처: 보건복지부 (2022a). 2022년 지역사회보장협의체 운영안내.

CHAPTER 11

민간 지역사회복지 실천 추진체계

COMMUNITY WELFARE

chapter 11

민간 지역사회복지 실천 추진체계

1. 지역사회복지협의회

1) 개요

사회복지협의회는 지역사회 내 사회복지서비스 기관들이 효과적인 서비스를 제공하기 위해 상호연락, 협의, 조정의 역할을 담당하고 주민의 참여를 유도하며 자원을 동원하는 완전히 민간으로 구성된 단체나 개인의 연합체이다. 또 사회복지협의회는 "전국 단위의 중앙협의회와 시 · 도 단위의 시 · 도협의회를 두며, 필요한 경우에는 시 · 군 · 구에 시 · 군 · 구협의회를 둘 수 있다"는 「사회복지사업법」 제33조에 의거해 설립된 법정단체이다. 따라서 중앙과 시 · 도에는 의무적으로 협의회를 조직해야 하나, 시 · 군 · 구에서까지 의무적으로 설치할 필요는 없다. 협의회는 직접적인 복지서비스를 제공하는 목적으로 조직된 단체는 아니며, 사회복지서비스에 관해 전국 혹은 지방 단위로 민간차원에서 협의 · 조정하는 역할을 하는 단체이다.

2) 연혁

한국에서 사회복지협의회의 시초는 1952년 민간사회사업기관들이 구성한 한국사회사업연합회이다. 이후 1954년에 사단법인 "한국사회사업연합회"라는 명칭으로 법인을 설립하였고, 1961년에 사단법인 "한국사회복지사업연합회"로 개칭되었으며, 1970년에 이르러 「사회복지사업법」 제33조 시행령 제12조에 기초해 사회복지법인 "한국사회복지협의회"로 명칭을 변경하였다. 그리고 1983년 「사회복지사업법」 개정으로 인해 한국사회복지협의회가 법정단체로 규정되었으며, 2009년에 보건복지부 산하 기타 공공기관으로 지정되었다. 한편 시 · 도 사회복지협의회는 1984년 일부 시 · 도에서 처음 조직되었으며, 현재는 17개 광역 사회복지협의회가 조직되어 있다. 시 · 도 사회복지협의회는 처음에는 한국사회복지협의회의 정관에 의거해 활동하였으나, 1998년 「사회복지사업법」 개정으로 사회복지법인으로 인정되어 한국사회복지협의회의 지원 없이 독립법인체제로 변화되었다. 2003년에는 「사회복지사업법」이 다시 개정되면서 시 · 군 · 구 사회복지협의회가 법정단체로 인정되었다.

3) 사회복지협의회의 업무

「사회복지사업법」 제33조 제1항에서는 사회복지협의회가 다음 각 호의 업무를 수행하기 위한 목적을 가진다고 명시하고 있다.

1. 사회복지에 관한 조사 · 연구 및 정책 건의
2. 사회복지 관련 기관 · 단체 간의 연계 · 협력 · 조정
3. 사회복지 소외계층 발굴 및 민간사회복지자원과의 연계 · 협력
4. 대통령령으로 정하는 사회복지사업의 조성 등

더불어 「사회복지사업법」 시행령 제12조에서는 보다 구체적으로 중앙협의회 및 시 · 도, 시 · 군 · 구협의회의 업무에 대해 제시하고 있다.

「사회복지사업법」 시행령 제12조(한국사회복지협의회 등의 업무)는 「사회복지사업법」 제33조 제1항 제4호에서 "대통령령으로 정하는 사회복지사업"을 다음과 같이 구체적으로 기술하고 있다.

1. 사회복지에 관한 교육훈련
2. 사회복지에 관한 자료수집 및 간행물 발간
3. 사회복지에 관한 계몽 및 홍보
4. 자원봉사활동의 진흥
5. 사회복지사업에 관한 기부문화의 조성
6. 사회복지사업에 종사하는 사람의 교육훈련과 복지증진
7. 사회복지에 관한 학술 도입과 국제사회복지단체와의 교류
8. 보건복지부장관이 위탁하는 사회복지에 관한 업무[법 제33조 제1항에 따른 중앙협의회에만 해당한다]

9. 시 · 도지사 및 중앙협의회가 위탁하는 사회복지에 관한 업무 [법 제33조 제1항에 따른 시 · 도협의회에만 해당한다]
10. 시 · 도지사, 시장 · 군수 · 구청장, 중앙협의회 및 시 · 도협의회가 위탁하는 사회복지에 관한 업무[법 제33조 제1항에 따른 시 · 군 · 구협의회에만 해당한다]
11. 그 밖에 중앙협의회, 시 · 도 협의회, 시 · 군 · 구협의회의 목적 달성에 필요하여 각각의 정관에서 정하는 사항

4) 사회복지협의회 조직

「사회복지사업법」 시행령 제13조, 제14조, 제15조에 의거 각 협의회에는 회원과 이사회 및 임원으로 구성된다.

(1) 사회복지사업법 시행령 제13조(중앙협의회 등의 회원)

① 다음 각 호의 1에 해당하는 자는 중앙협의회의 회원이 될 수 있다.

1. 시 · 도협의회의 장
2. 사회복지법인 및 사회복지사업과 관련 있는 비영리법인의 대표자
3. 경제계 · 언론계 · 종교계 · 법조계 · 문화계 · 교육계 및 보건의료계 등을 대표하는 자
4. 기타 사회복지사업수행에 필요하다고 인정되어 중앙협의

회의 장이 추천하는 자

② 다음 각 호의 1에 해당하는 자는 시 · 도협의회의 회원이 될 수 있다.

1. 시 · 군 · 구협의회의 장
2. 당해 지역에 주된 사무소가 있는 사회복지법인 및 사회복지사업과 관련 있는 비영리법인의 대표자
3. 당해 지역의 경제계 · 언론계 · 종교계 · 법조계 · 문화계 · 교육계 및 보건의료계 등을 대표하는 자
4. 그 밖에 지역사회의 복지발전을 위하여 시 · 도협의회의 장이 추천하는 자

③ 다음 각 호의 1에 해당하는 자는 시 · 군 · 구협의회의 회원이 될 수 있다.

1. 당해 지역에 주된 사무소가 있는 사회복지법인 및 사회복지사업과 관련 있는 비영리법인의 임직원
2. 당해 지역에 주된 사무소가 있는 사회복지시설의 종사자
3. 당해 지역의 경제계 · 언론계 · 종교계 · 법조계 · 문화계 · 교육계 및 보건의료계 등에 종사하는 자
4. 그 밖에 지역사회의 복지발전을 위하여 시 · 군 · 구협의회의 장이 추천하는 자

(2) 사회복지사업법 시행령 제14조(임원)

① 중앙협의회, 시 · 도협의회 및 시 · 군 · 구협의회(이하 "각 협의

회"라 한다)는 임원으로 대표이사 1인을 포함한 15인 이상 30인 이하(시 · 군 · 구협의회의 경우에는 10인 이상 30인 이하)의 이사와 감사 2인을 둔다.

② 이사와 감사의 임기는 3년으로 하되, 각각 연임할 수 있다.

③ 임원의 선출방법과 그 자격요건에 관하여 필요한 사항은 정관으로 정한다.

(3) 사회복지사업법 시행령 제15조(이사회)

① 각 협의회에 이사로 구성되는 이사회를 둔다.

② 이사회는 정관이 정하는 바에 따라 각 협의회의 업무에 관한 중요사항을 심의 · 의결한다.

③ 대표이사는 이사회를 소집하고, 그 의장이 된다.

④ 감사는 이사회에 출석하여 의견을 진술할 수 있다.

⑤ 이사회의 운영에 관하여 필요한 사항은 정관으로 정한다.

2. 사회복지공동모금회

1) 개요

사회복지공동모금회는 「사회복지공동모금회법」을 기반으로 설립된 기관이다. 「사회복지공동모금회법」 제1조에서는 동법이 공동모금을 통해 국민이 사회복지를 이해하고 참여하도록 하고 국민의 자발적인 성금으로 조성된 재원을 효율적으로 관리 · 운용하는 목적을 가진다고 명시하고 있으며, 제2조에서는 사회복지공동모금을 사회복지사업이나 기타 사회복지활동의 지원에 필요한 재원을 조성하기 위해 기부금품을 모집하는 것이라고 정의하고 있다. 이를 비추어 볼 때 사회복지공동모금은 민간부분의 자원을 동원하고 민간의 참여의 폭을 확대시키는 것을 목적으로 한다고 볼 수 있다. 동시에 민간에서 기부단체가 우후죽순처럼 등장하는 것을 방지하고, 시민들이 기부단체를 신뢰하여 마음 놓고 기부할 수 있는 환경을 조성하는 목적도 가진다. 이러한 공동모금은 민간의 자발적 기부문화를 정착시키고, 지역주민의 자원봉사정신을 함양시킨다.

사회복지공동모금은 다음과 같은 특성을 지닌다(유기형, 1993). 첫 번째는 민간성이다. 우리 사회에서는 복지 욕구가 하루가 다르게 다양해지고 있다. 이에 더 이상 정부 주도의 서비스만으로는 지역사회의 다양한 욕구를 충족시키기 어려워졌다. 이때 민간단체나 조직을 활용한다면 융통성 있게 지역사회의 빠른 욕구 변화에 잘 대응할 수 있다는 장점이 있다. 다만 민간에서는 재원 마련이 어렵다는 문제가 있기 때문에, 공동모금을 통해 민간에서 많은 주민을 참여시킨다. 둘째는 지역성이다. 공동모금은 그 지역에서 사는 주민들에 의해 그 지역주민의 복지서비스 향상을 위해 설립된 단체이다. 그 결과 공동모금회를 통해 모아진 기부금을 가지고 지역의 특성에 맞는 맞춤형 서비스를 제공할 수 있다. 셋째로 효율성과 일원성이다. 사회복지기관들이 개별적으로 모금활동을 진행할 경우 기관 간 경쟁이 치열하고 기부금 관리 및 오남용에 대한 통제가 어렵다. 따라서 일원화된 모금활동과 정해진 기준에 따라 기부금을 배분하는 것이 효율적으로 기부금을 운용·관리할 수 있는 방법이다. 넷째는 공개성이다. 공동모금회는 모금활동과 배분계획에 대한 제반 사항을 투명하게 공개해야 한다. 기부금 모금 및 운영상황을 투명하게 밝히는 것은 기부자인 지역주민들에게 신뢰를 담보하기 위해 반드시 필요하다. 다섯째는 협력성이다. 공동모금은 민간에서 지역 내 서비스를 제공하기 위한 부족한 재원을 마련하는 목적과 함께 지역 내 주민들이 자발적으로 자원봉사활동을 전개할 수 있도록 유도함으로써 사회연대와 상부상조정신을 고취시키는 목적도 가진다. 여섯 번째는 계획성이다. 사회복지공동모금회는 지역의 민간 사회복지조직이 필요한 자금을 파악해 배분계획을 마련하고 이를 기초로 모금활동을 전개하게 된다. 일곱 번째는 복지교육성이다. 모금활동을 통해 지역주민의 복지의식을 높이는 효과를 가져올 수 있다.

2) 연혁

1951년에 민간모금을 금지하는 「기부금품모집금지법」이 제정되면서 우리나라에서는 오랫동안 자율적인 민간모금활동이 전개되지 못하였다. 그러다가 1970년에 이르러 「사회복지사업법」에 사회복지공동모금회를 설립할 수 있도록 명시한 이후 1971년에 처음으로 한국사회복지공동모금회가 등장해 민간모금활동을 시작하였다. 1년여 간 공동모금을 실시하였으나 이 시기에는 경제적 여건도 여건이거니와 사회복지에 대한 국민적 관심도 없었을 때였기 때문에 공동모금 목표는 실패로 돌아가고 공동모금회는 해산하였다. 이후 1997년에 와서 「사회복지공동모금법」이 제정되어 1998년부터 시행되었고, 이 법에 의거해 1998년 국민성금으로 마련된 재원을 효율적이고 공정하게 관리 · 운영하기 위해 전국 16개 광역시와 도에 사회복지공동모금회를 설립하기에 이르렀다. 그리고 2010년에 기부문화 활성화를 위해 일정 요건을 충족하는 기관을 법정기부금단체로 규정하는 제도가 신설되었으며, 2011년 사회복지공동모금회가 법정기부금단체로 규정되었다. 현재 사회복지공동모금회는 중앙회 및 전국 17개 지회를 두고 있다. 현재 사회복지공동모금회는 「사회복지공동모금회법」 제4조에 따라 「사회복지사업법」 제2조 제3호의 사회복지법인에 해당한다.

3) 공동모금회 모금 유형

공동모금회 모금 유형은 모금기간에 따라 연말집중모금과 연중모금으로 나뉘고, 모금대상에 따라 개별형, 기업중심형, 단체형, 특별사업형으로 나뉜다(유기형, 1993). 우선 개별형 모금은 개인이나 가정단위에서 기부한 헌금을 통한 모금을 말한다. 이를 통해 모든 주민들이 사회복지사업에 참여할 수 있다는 데 의의가 있지만 개인이나 가정단위로 모금활동을 전개할 때 시간과 비용이 너무 많이 든다는 문제가 있다. 둘째로 기업중심형 모금은 사업장이나 사업장에 근무하는 직원을 대상으로 하는 모금을 의미한다. 기업중심형 모금은 시간과 비용 대비 많은 모금액을 모을 수 있다는 장점이 있다. 다만 기업중심형 모금에 집중하다 보면 개별형 모금을 등한시하다 보니 가능하면 많은 시민의 참여를 이끌어낸다는 공동모금의 취지에 반하고, 다소 기업을 대상으로 다소 강제적인 모금활동을 하게 되는 측면도 존재한다. 셋째 단체형 모금은 재단이나 협회 등 단체를 대상으로 하는 모금방식이다. 이러한 단체형 모금은 기업중심형 모금과 같이 시간과 비용 대비 쉽게 모금활동을 전개할 수 있다는 장점이 있으나, 기업중심형과 같이 이에 집중하다 보면 많은 주민을 모금활동에 동참하도록 유도하기 어렵다. 마지막으로 특별사업형 모금은 특별한 프로그램이나 행사를 통해 모금활동을 전개하는 방식이다. 이처럼 특별사업형 모금은 기부자에게 흥미나 관심을 유도한다는 점에서 호응도가 높고 참여도 높다. 다만 일회적인 이벤트성 모금활동으로 지속적인 기부참여를 유도하기 어렵고, 자칫 잘못하면 이벤트만 부각되어 여론의 뭇매를 맞을 수도 있다.

4) 공동모금회 배분 유형 및 배분사업의 종류

공동모금회 배분방법은 크게 기관배분형, 문제 및 프로그램 배분형, 지역배분형, 혼합형으로 나눌 수 있다(유기형, 1993). 기관배분형은 사회복지시설 및 기관을 중심으로 모금액을 배분하는 방식을 말하고, 문제 및 프로그램 배분형은 특정 문제를 해결하기 위해서 배분을 진행하거나 문제해결을 위한 구체적인 프로그램을 수행하는 데 필요한 재원에 배분하는 방식을 의미한다. 또 지역배분형은 지역을 단위로 해서 지역의 특수한 문제를 해결하고 낙후된 지역을 중심으로 배분하는 방식을 의미하며, 이 중 두 가지 혹은 세 가지 모두 배분방식으로 활용할 경우 혼합형이라고 부른다.

한편 사회복지공동모금회에서 제시하는 배분사업의 종류는 다음 〈표 11-1〉과 같다.

〈표 11-1〉 **사회복지공동모금회 배분사업의 종류**

<table>
<tr><th>구 분</th><th colspan="2">사업내용</th><th>배분신청서 제출처</th></tr>
<tr><td rowspan="2">신청사업</td><td rowspan="2">사회복지 증진을 위하여 자유주제 공모형태로 복지사업을 신청받아 배분하는 사업</td><td>신청사업</td><td rowspan="2">지회</td></tr>
<tr><td>복지현안지원사업 및 소규모 복지기관지원사업 등 자유주제 공모사업</td></tr>
<tr><td>기획사업</td><td colspan="2">모금회가 그 주제를 정하여 배분하는 사업 또는 배분대상자에게 제안받은 내용 중에서 선정하여 배분하는 시범적이고 전문적인 사업</td><td rowspan="3">중앙회/지회</td></tr>
<tr><td>긴급지원 사업</td><td colspan="2">재난구호 및 긴급구호, 저소득층 응급지원 등 긴급히 지원해야 할 필요가 있는 경우에 배분하는 사업</td></tr>
<tr><td>지정기탁 사업</td><td colspan="2">사회복지 증진을 위하여 기부자가 기부금품의 배분지역·배분대상자 또는 사용 용도를 지정한 경우 그 지정 취지에 따라 배분하는 사업</td></tr>
</table>

출처: 사회복지공동모금회 (2022). 2022 배분사업안내.

5) 관련법 내용(사회복지공동모금회법)

(1) 사회복지공동모금회 기본원칙(법 제3조)

① 기부하는 자의 의사에 반하여 기부금품을 모집하여서는 아니 된다.

② 공동모금재원은 지역 · 단체 · 대상자 및 사업별로 복지수요가 공정하게 충족되도록 배분하여야 하고, 제1조의 목적 및 제25조(재원의 사용 등)에 따른 용도에 맞도록 공정하게 관리 · 운용하여야 한다.

③ 공동모금재원의 배분은 객관적인 기준에 따라 효율적으로 이루어지도록 하고, 그 결과를 공개하여야 한다.

(2) 재원 사용 원칙(법 제25조)

① 공동모금재원은 사회복지사업이나 그 밖의 사회복지활동에 사용한다.

② 매 회계연도에 조성된 공동모금재원은 해당 회계연도에 지출하는 것을 원칙으로 한다. 다만, 재난구호 및 긴급구호 등 긴급히 지원할 필요가 있을 때를 대비하여 매 회계연도의 공동모금재원 일부를 적립하는 경우에는 그러하지 아니하다.

③ 제2항 본문에도 불구하고 다음 각 호의 어느 하나에 해당하는 경우에는 매 회계연도에 조성된 공동모금재원의 일부를

이사회 의결을 거쳐 다음 회계연도에 이월(移越)하여 지출할 수 있다.

1. 제27조 제1항에 따라 사용 용도 등이 지정되어 기부된 공동모금재원으로서 모금목적사업의 특성상 해당 회계연도에 지출을 완료하기 어려운 경우
2. 공동모금재원의 배분에 대한 계획이 2 회계연도 이상에 걸쳐 있는 경우로서 사업의 성격상 다음 회계연도에 이월하여 지출하는 것이 필요하다고 인정되는 경우
3. 해당 회계연도 말에 집중 조성된 공동모금재원으로서 부득이한 사유로 그 회계연도에 지출하기 어려운 경우

④ 기부금품 모집과 모금회의 관리 · 운영에 필요한 비용은 바로 앞 회계연도 모금총액의 100분의 10의 범위에서 이사회의 의결을 거쳐 사용할 수 있다.

⑤ 공동모금재원의 관리 · 운용 방법 및 예산 · 회계 등에 필요한 사항은 정관으로 정한다.

(3) 공동모금회 사업(법 제5조)

1. 사회복지공동모금사업
2. 공동모금재원의 배분
3. 공동모금재원의 운용 및 관리
4. 사회복지공동모금에 관한 조사 · 연구 · 홍보 및 교육 · 훈련
5. 사회복지공동모금지회의 운영

6. 사회복지공동모금과 관련된 국제교류 및 협력증진사업
7. 다른 기부금품 모집자와의 협력사업
8. 그 밖에 모금회의 목적 달성에 필요한 사업

(4) 사회복지공동모금회 구성

가) 임원(법 제7조)

① 모금회에는 다음 각 호의 임원을 둔다.

1. 회장 1명
2. 부회장 3명
3. 이사(회장 · 부회장 및 사무총장을 포함한다) 15명 이상 20명 이하
4. 감사 2명

② 임원의 임기는 3년으로 하며, 한 차례만 연임할 수 있다.

나) 이사회(법 제8조)

① 모금회에는 정관으로 정하는 중요사항을 의결하기 위하여 제7조 제1항 제3호의 이사로 구성된 이사회를 둔다.

② 회장은 이사회를 소집하고 그 의장이 된다.

다) 분과실행위원회(법 제13조)

① 모금회의 기획 · 홍보 · 모금 · 배분 업무에 관한 사항을 심의하기 위하여 해당 분야의 전문가와 시민대표 등으로 구성되

는 기획분과실행위원회, 홍보분과실행위원회, 모금분과실행위원회 및 배분분과실행위원회 등 분과실행위원회를 둔다.

② 분과실행위원회의 위원장은 1명 이상의 이사로부터 추천을 받은 이사 중에서 이사회의 의결을 거쳐 회장이 위촉하며, 그 위원은 해당 위원장의 제청(提請)과 이사회의 의결로 회장이 위촉한다.

③ 분과실행위원회는 위원장 1명을 포함하여 20명 이내의 위원으로 구성한다. 다만, 모금분과실행위원회 및 배분분과실행위원회는 각각 20명 이상의 위원으로 구성한다.

④ 분과실행위원회 위원의 임기는 2년으로 하며, 연임할 수 있다. 다만, 배분분과실행위원회 위원은 한 차례만 연임할 수 있다.

라) 지회(법 제14조)

① 모금회에 지역단위의 사회복지공동모금사업을 관장하기 위하여 시 · 도 단위 사회복지공동모금지회를 둔다.

② 지회에는 지회장을 두고 모금회에 준하는 필요한 조직을 둘 수 있다.

③ 지회장은 이사회의 의결을 거쳐 회장이 임명한다.

④ 지회의 구성 및 운영 등에 필요한 사항은 모금회의 정관으로 정한다.

(5) 사회복지공동모금회 배분기준(법 제20조)

① 모금회는 매년 8월 31일까지 다음 각 호의 사항이 포함된 다음 회계연도의 공동모금재원 배분기준을 정하여 공고하여야 한다.

1. 공동모금재원의 배분대상
2. 배분한도액
3. 배분신청기간 및 배분신청서 제출 장소
4. 배분심사기준
5. 배분재원의 과부족(過不足) 시 조정방법
6. 배분신청 시 제출할 서류
7. 그 밖에 공동모금재원의 배분에 필요한 사항

② 모금회는 재난구호 및 긴급구호 등 긴급히 지원하여야 할 필요가 있는 경우에는 제1항에 준하여 별도의 배분기준에 따라 지원할 수 있다.

3. 사회복지관[2)]

1) 개요

사회복지관의 법적 근거는 「사회복지사업법」 제2조(정의), 「사회복지사업법」 제34조의 5(사회복지관의 설치 등)와 임대주택단지 사회복지관 설치의 법적 근거는 「주택법」 제2조 제14호 나와 주택건설기준 등에 관한 규정 제6조에 있다.

〈표 11-2〉 **사회복지관 설치근거법**

사회복지사업법 제2조(정의) 제5호

5. "사회복지관"이란 지역사회를 기반으로 일정한 시설과 전문인력을 갖추고 지역주민의 참여와 협력을 통하여 지역사회의 복지문제를 예방하고 해결하기 위하여 종합적인 복지서비스를 제공하는 시설을 말한다.

사회복지사업법 제34조의5(사회복지관의 설치 등)

① 제34조 제1항과 제2항에 따른 시설 중 사회복지관은 지역복지 증진을 위하여 다음 각 호의 사업을 실시할 수 있다.
   1. 지역사회의 특성과 지역주민의 복지욕구를 고려한 서비스 제공 사업
   2. 국가 · 지방자치단체 및 민간부문의 사회복지서비스를 연계 · 제공하는 사례 관리 사업
   3. 지역사회 복지공동체 활성화를 위한 복지자원 관리, 주민교육 및 조직화 사업
   4. 그 밖에 복지증진을 위한 사업으로서 지역사회에서 요청하는 사업

② 사회복지관은 모든 지역주민을 대상으로 사회복지서비스를 실시하되, 다음 각 호의 지역주민에게 우선 제공하여야 한다.
   1. 「국민기초생활 보장법」에 따른 수급자 및 차상위계층

---

2) 본 내용은 한국사회복지관협회 홈페이지에 제공된 내용을 바탕으로 작성됨. https://kaswc.or.kr/welfarecenter2

2. 장애인, 노인, 한부모가족 및 다문화가족
3. 직업 및 취업 알선이 필요한 사람
4. 보호와 교육이 필요한 유아 · 아동 및 청소년
5. 그 밖에 사회복지관의 사회복지서비스를 우선 제공할 필요가 있다고 인정되는 사람

③ 그 밖에 사회복지관의 설치 · 운영 · 사업 · 인력 기준 등에 필요한 사항은 보건복지부령으로 정한다.

주택법 제2조 14호 나

14. "복리시설"이란 주택단지의 입주자 등의 생활복리를 위한 다음 각 목의 공동시설을 말한다.
   나. 그 밖에 입주자 등의 생활복리를 위하여 대통령령으로 정하는 공동시설

주택건설기준 등에 관한 규정(대통령령) 제6조 제1항

① 주택단지에는 관계 법령에 따른 지역 또는 지구에도 불구하고 다음 각 호의 시설만 건설하거나 설치할 수 있다.
제2호. 복리시설.

이처럼 사회복지관은 「사회복지사업법」을 근거로 설립된 복지서비스 제공시설을 의미한다. 이러한 사회복지관은 지방자치단체, 사회복지법인, 비영리법인이 설립 · 운영할 수 있다(보건복지부, 2022b). 이러한 사회복지관은 복지 욕구를 가진 지역주민을 대상으로 보호서비스, 재가복지서비스, 자립능력 배양을 위한 교육훈련 등의 서비스를 제공하고, 가족기능 강화 및 주민상호 간 연대감 조성을 통해 각종 지역사회 문제를 예방 · 치료하는 등 종합적인 복지서비스 전달기구 역할을 담당한다.

2) 연혁

1906년 원산에서 선교사 놀스(Mary Knowles)가 인보관운동의 일환으로 설립한 반열방에서 사회복지관사업이 태동했다고 본다. 이후 1921년에 서울에 최초의 사회복지관인 태화여자관을 설립하였고, 1956년에 대학으로는 처음으로 이화여자대학교에서 대학부설 사회복지관을 건립하였다. 이후 1976년에 한국사회복지관연합회가 설립되었으며, 1908년대 산업화로 인해 도시의 빈곤문제가 심각해지자 국가가 공식적으로 국고보조를 통해 사회복지사업을 지원하기 위해 1983년에「사회복지사업법」개정을 통해 사회복지관 설립 및 운영 지원근거를 마련하였다. 그리고 1989년에는「주택건설촉진법」등에 의거 저소득층 영구임대아파트 건립 시 일정규모의 사회복지관 건립을 의무화하였으며, 한국사회복지관협회를 설립하였다. 2004년에는 세출예산에 국고보조율을 30%로, 지방부담률을 70%로 조정하고 수익자부담을 폐지하였으며, 2005년에는 지방분권정책에 의거 국고보조를 없애고 분권교부세로 전환하여 사회복지관 운영비용을 지방자치단체의 일반재정에서 지원하도록 하였다. 그리고 2020년 현재 전국적으로 총 475개소의 사회복지관이 운영 중이다.

3) 사회복지관운영의 기본원칙

사회복지관은 인도주의와 서비스를 필요로 하는 사람의 존엄

유지를 전제로 다음 각 호의 기본원칙에 따라 서비스를 제공한다.

(1) 지역성 원칙

사회복지관은 지역사회의 특성과 지역주민의 문제나 욕구를 신속하게 파악하여 사업계획 수립 시 반영하여 지역사회의 문제를 해결하고, 이에 따른 서비스를 제공하여야 하며, 지역주민의 적극적 참여를 유도하여 주민의 능동적 역할과 책임의식을 조장하여야 한다.

(2) 전문성 원칙

사회복지관은 다양한 지역사회 문제에 대처하기 위해 일반적 프로그램과 특정한 문제를 해결할 수 있는 전문적 프로그램이 병행될 수 있도록 지식과 기술을 보유한 전문인력이 사업을 수행하도록 하고, 이들 인력에 대한 지속적으로 재교육을 통해 전문성을 증진하도록 해야 한다.

(3) 책임성 원칙

사회복지관은 서비스 이용자의 욕구를 충족하고 지역사회 문제를 해결함에 있어 효과성을 극대화하기 위하여 최선의 노력을 기울여야 한다.

(4) 자율성 원칙

사회복지관은 다양한 복지서비스를 효율적으로 제공하기 위하여 사회복지관의 능력과 전문성이 최대한 발휘될 수 있도록 자율적으로 운영하여야 한다.

(5) 통합성 원칙

사회복지관은 사업을 수행함에 이어 지역 내 공공 및 민간복지기관 간에 연계성과 통합성을 강화시켜 지역사회복지 체계를 효율적이고 효과적으로 운영되도록 하여야 한다.

(6) 자원활용 원칙

사회복지관은 주민욕구의 다양성에 따라 다양한 기능인력과 재원을 필요로 하므로 지역사회 내의 복지자원을 최대한 동원·활용해야 한다.

(7) 중립성 원칙

사회복지관은 정치활동, 영리활동, 특정 종교활동 등으로 이용되지 않게 중립성이 유지되어야 한다.

(8) 투명성 원칙

사회복지관은 자원을 효율적으로 이용하고 운영 과정의 투명성을 유지하여야 한다.

4) 사회복지관 사업내용

(1) 사례 관리 기능

사회복지관의 사례 관리 기능이란 현재의 파편화되고 분절화된 지역사회 복지서비스의 제한점을 극복하고 보다 통합적인 서비스 전달체계로 나아가기 위해 지역사회 내 민관을 아우르는 서비스 네트워크 구축 및 다양한 지역주민의 복지 욕구를 연결시켜 맞춤형 서비스를 제공하는 기능을 의미한다. 사회복지관의 구체적인 사례 관리 기능은 다음과 같다. 첫째 사회복지관은 지역 내 보호가 필요한 위기 대상자를 발굴하여 개입계획을 수립하는 사례 발굴 기능을 수행한다. 둘째로 지역 내 보호가 필요한 대상자나 위기 개입 대상자의 문제나 욕구에 대해 맞춤형 서비스가 제공될 수 있도록 사례 개입 기능을 수행한다. 마지막으로 사례 개입이 필요한 지역 내 민간 및 공공의 가용자원과 서비스에 대해 정보를 제공 및 연계하는 서비스 연계 기능도 함께 수행한다.

(2) 서비스 제공 기능

서비스 제공 기능이란 클라이언트에게 직접적으로 전문서비스가 제공되는 것을 의미한다. 사회복지관은 이러한 서비스 제공 기능을 통해 ① 가족기능을 강화하고, ② 지역사회를 보호하고, ③ 교육문화를 활성화하고, ④ 자활지원을 수행한다. 가족기능강화사업에는 가족관계증진사업, 가족기능보완사업, 가정문제해결·치료사업, 부양가족지원사업, 다문화가정, 북한이탈주민 등 지역 내 이용자 특성을 반영한 사업 등이 있다. 그리고 지역사회보호 기능에는 급식서비스, 보건의료서비스, 경제적 지원, 일상생활 지원, 정서서비스, 일시보호서비스, 재가복지봉사서비스 등이 포함되고, 교육문화 기능에는 아동·청소년 사회교육, 성인기능교실, 노인여가·문화, 문화복지사업이 포함된다. 마지막으로 자활지원 기능에는 직업기능훈련, 취업알선, 직업능력개발 등이 있다.

(3) 지역조직화 기능

지역조직화 기능에는 복지 네트워크 구축, 주민조직화, 자원 개발 및 관리가 있다. 사회복지기관은 지역 내 복지기관과 시설 간에 네트워크를 구축해서 효율적인 복지서비스 공급을 담보하고, 이 과정에서 사회복지관이 지역복지의 중심 역할을 하도록 노력해야 한다. 둘째로 사회복지관은 주민이 지역사회 문제에 스스로 참여해 공동체의식을 형성하도록 주민조직의 육성을 돕는 주민조직화 역할을 담당해야 한다. 뿐만 아니라 지역주민의 다양한 욕구를 충족시키고 문제해결을 위해 필요한 인력이나 자원을 개발·연계하는 자원개발 및 관리 역할도 사회복지관의 지역조직화 기능 중 하나이다.

참고문헌

reference

강혜규, 김보영, 수은수, 채현탁, 이지영, 김태은, 이정은, 김진희 (2018). 지역사회보장계획의 이해 - 지자체의 제4기 계획수립 · 실행 지원 연구. 세종: 한국보건사회연구원.

박태영 (2020). 지역사회복지론. 파주: 정민사.

보건복지부 (2022a). 지역사회보장협의체 운영안내.

보건복지부 (2022b). 2022년 사회복지관 운영관련 업무처리 안내.

보건복지부 · 한국보건사회연구원 (2022). 제5기(2023-2026) 지역사회보장계획 수립안내.

사회복지공동모금회 (2022). 2022 배분사업안내.

엄태영 (2022). 지역사회복지론. 서울: 신정.

오정수, 류진석 (2016). 지역사회복지론(5판). 서울: 학지사.

유기형 (1993). 우리나라 지역공동모금제의 모형에 관한 연구. 한국사회복지학, 22, 67-97.

정무성 (1997). 지역사회복지 실천모델에 관한 이론적 고찰. 한국사회복지학과 학술대회논문집, 21-37.

최일섭, 최원규, 최성재, 이혜경, 윤찬영, 박종우, 김혜란, 감정기 (2008). 사회문제와 사회복지. 파주: 나남출판.

Arnstein, S. R. (1969). A Ladder of Citizen Participation. Journal of American Institute of Planners, 35(4), pp.216-224.

Bentley, A. (1908). The Process of Government: A Study of Social Pressures. Chicago: University of Chicago Press.

Berger, P. L., & Luckmann, T. (1966). The Social Construction of Reality: A Treatise in the Sociology of Knowledge. New York: Doubleday & Company.

Blau, P. M. (1964). Exchange and Power in Social Life. New York: Wiley.

Blumer, H. (1969). Symbolic interactionism: Perspective and methods. Englewood Cliffs, NJ: Prentice Hall.

Collins, R. (1994). Four sociological tradition. NY: Oxford University Press.

Compton, B. R., & Galaway, B. (1994). Social work processes (7th ed.). Belmont, CA: Brooks/Cole Publishing.

Cooley, C. H. (1902). Looking-glass self. The production of reality: Essays and readings on social interaction, 6, pp.126-128.

Cunningham, J. V. (1972). Citizen Participation in Public Affairs. Public Administration Review, 32, pp.589-602.

Dahl, R. A. (1961). Who Governs? New Haven: Yale University Press.

Dunham, A. (1958). Community Welfare Organization: Principles and practice. NY: Crowell.

Edwards, B., & McCarthy, J. D. (2004) Resources and social movement mobilization. In: Snow, D. A., Soule, S. A., and Kriese, H. (eds), The Blackwell Companion to Social Movements. Malden, MA: Blackwell.

Emerson, R. M. (1962). Power–Dependence Relations. American Sociological Review, 27, pp.31-41.

Friedlander, W. A. (1977). Introduction to social welfare. New Jersey: Prentice–Hall.

Grosser. C. F. (1965). Community Development Programs Serving the Urban Poor. Social Wok, 10(3), pp.15–21.

Hardcastle, D. A., Powers, P. R., & Wenocur. S. (2004). Community Practice: Theories and Skills for Social Workers (2nd ed.). New York: Oxford University Press.

Hardina, D. (2002). Analytical Skills for Community Organization Practice. New York: Columbia University Press.

Hardina, D. (2013). Citizen Participation. Encyclopedia of Social Work. Retrieved 16 Dec. 2022, from https://oxfordre.com/socialwork/view/10.1093/acrefore/9780199975839.001.0001/acrefore-9780199975839-e-57/version/0

Homans, G. C. (1958). Social behavior as exchange. American Journal of Sociology, 63, pp.597-606.

Jenkins, J. C. (1983) Resource mobilization theory and the study of social movements. Annual Review of Sociology, 9, pp.248-267.

Kahn, A. (1969). Studies in Social Policy and Planning. NY: Russel Sage Foundation.

Ketter, P., Daley, J. H., & Nicholas, A. W. (1985). Initiating Change in Organizations and Communities: A Macro Practice Model. Monterey, C.A.: Brooks/Cole Publishing.

Lewis, O. (1966). The culture of poverty. Scientific American, 215(4), pp.19–25.

Lippit, R., Watson, J., & Westley, B. (1958). The Dynamics of Planned charge. NY: Harcourt, Brace & World.

Luhmann, N. (1995). Social Systems. Stanford, CA: Stanford University Press.

McAdam, D., McCarthy, J. D., & Zald, M. N. (1988). Social movements. In: Smelserm, N. (ed.), Handbook of Sociology. Beverly Hills, CA: Sage.

Mead, G. H. (1934). Mind, Self, and Society from the Standpoint of a Social Behaviorist. University of Chicago Press: Chicago.

Michels, R. (1915). Political Parties: A Sociological Study of the Oligarchical Tendencies of Modern Democracy, translated by Paul, E. and Paul, C., New Brunswick, NJ: Transaction.

Mosca, G. (1939). The ruling class. N.Y./London: McGraw-Hill.

Pareto, V. (1915). The Mind and Society: Treatise on General Sociology. New York: Dover.

Perlman, R., & Gurin, A. (1972). Community Organizations and social Planning. New York: John Wiley & Son.

Popple, K. (1996). Community Work: British Models. Journal of Community Practice, 3(3-4), pp.147-180.

Reed, B. G. (2005). "Theorizing in Community Practice: Essential Tools for Building Community, Promoting Social Justice, and Implementing Social Change". (pp.84-102). in The Handbook of Community Practice, edited by Weil, M., Thousand Oaks, CA: Sage Publications.

Ross, M. G. (1967). Community Organization: Theory, Principles, and Practice. (2nd ed). NY: Harper & Row.

Rothman, J. (1964). An Analysis of Goals and Roles in Community Organization Practice. Social Work, 9(2), pp.24-31.

Rothman, J. (1996). The Interweaving of Community Intervention Approaches. Journal of Community Practice, 3(3-4), pp.69-99.

Rubin, A., & Babbie, E. (2017). Research Methods for Social Work (9th. Ed.). Boston, MA: Cengage Learning.

Rubin, H. J., & Rubin, I. S. (2007). Community Organizing and Development, 4th ed. Boston: Pearson.

Sanders, I. T. (1969). Professional Roles in Planned Change. In Kramer, R. M. and Specht, H. (eds.), Readings in Community Organization Practice. Englewood Cliffs, NJ: Prentice-Hall.

Schutz, A., & Miller, M. (2015). People power : the community organizing tradition of Saul Alinsky. Nashville: Vanderbilt University Press.

Taylor, S., & Roberts, R. (1985). Theory and Practice of community Social Work. NY: Columbia University Press.

Truman, D. (1951). The Governmental Process: Polítical lnterests and Public Opinion. New York: Alfred A. Knopf.

Weil, M. (1996). Model Development in Community Practice: An Historical Perspective. Journal of Community Practice, 3(3-4), pp.5-67.

저/자/소/개

이승주

현 대구대학교 사회복지학과 교수
서울대학교 학사 불어불문학 전공
New York University 석사 복지행정 전공
연세대학교 박사 사회복지행정 전공

이 저서는 2022학년도 대구대학교 학술연구비 지원에 의한 연구결과물임

지역사회복지론

초판발행 2022년 12월 20일 **1판 1쇄 인쇄** | 2022년 12월 30일 **1판 1쇄 발행**

지은이 이승주
펴낸이 최용구 | **펴낸곳 도서출판 신정**
주소 (04316) 서울시 용산구 원효로 89길 19 (원효로1가)
전화 02)3211-4782, 0266(영업부), 3211-4783(편집부), 3211-4784(팩스)
이메일 sjbook2002@naver.com | **홈페이지** www.sjbook.co.kr
등록 2001년 5월 11일 제13-702호
기획마케팅 최용구 장만동 최충구 송대용 | **책임편집** 석기은 황가연

ISBN 978-89-5912-838-9 93330
징가 15,000원